FÓRMULA ONLINE

Como Vender Pela Internet e Criar Negócios Digitais Lucrativos

MARCELO VEIGA

ISBN-13: 978-1533549877
ISBN-10: 1533549877

DEDICATÓRIA

Dedico este livro ao meu filho amado
e meu melhor amigo, Filipe Veiga,
e a minha preciosa e querida esposa Késia Veiga,
incentivadora maior dos meus sonhos e projetos
.

SUMÁRIO

AGRADECIMENTOS

Agradeço a Jesus Cristo que sua vida deu por mim,
para que eu tenha vida eterna e possa estar aqui
hoje fazendo este trabalho.

.

O que diz a mídia sobre Marcelo Veiga:

"Marcelo Veiga faz parte de um time de empreendedores digitais cuja experiência na velha economia tem desbancado jovens nerds saídos da faculdade"

Marcos Coronato - Revista Exame - 28/06/2000

"Marcelo Veiga é um empresário que entende de convergência de mídias no computador e sabe tirar partido da fusão da TV com a Internet"

Jornalista Lalo Leal - TV Cultura

"Marcelo Veiga foi meu assistente de direção durante muitos anos, fizemos juntos vários filmes para o mercado publicitário, clips musicais para o Fantástico, e um longa metragem"

Herbert Richers Jr. - Diretor de TV

"Os documentários produzidos por Marcelo Veiga nas nossas caminhadas domingueiras são um produto de excelente qualidade. O registro fiel do espírito desses percursos recifenses."

Francisco Cunha - TGI Recife/PE

"Marcelo Veiga conseguiu sua maneira própria de fazer interatividade na TV online, muito antes dela chegar na TV digital. E transformou a TV Nordeste, na maior vitrine mundial da região"

Daniele Frederico - Revista Tela Viva

"Marcelo é um homem de mídias, ele é responsável por ajudar a levar a PIBJP para a era digital"

Estevan Fernandes – PIBJP

"O trabalho de marketing digital com vídeos no Youtube que Marcelo Veiga fez para nós, levou a Juvep ao reconhecimento mundial com mais de meio milhão de expectadores"

Ildemar Nunes Medeiros - Diretor da Juvep

Marcelo Veiga é o homem da internet, o homem que revolucionou a internet na Paraíba, e porque não dizer, no mundo"

Kerly Carneiro - Apresentador de TV

"Marcelo Veiga é Gente Que Faz. Largou tudo no Rio de Janeiro para realizar um sonho que se tornou um sucesso, a TV Nordeste"

Robinson Monteiro - Apresentador Programa

Introdução

A "Fórmula Online" de marketing digital, é a estratégia comprovada de como vender qualquer coisa pela internet, e de como criar negócios digitais lucrativos.

Descubra os segredos dos bastidores dos negócios online de sucesso, ou construa o seu próprio, partindo do zero.

A "Fórmula Online" é um sistema de marketing digital revolucionário, que tem sido usado no mundo inteiro por milhares de empresários, em centenas de diferentes nichos de mercados, utilizando-se das mais recentes ferramentas da internet, para criar vendas online de produtos e serviços, com enorme sucesso.

O método já era utilizado a décadas pela indústria cinematográfica de Hollywood, e foi adaptado para o Marketing Digital do século XXI, tendo se popularizado, a partir da maturidade da internet, com o início da "Era da Hiperconectividade".

As altas velocidades de conexão da internet, além de estarem quebrando paradigmas, sobre as antigas formas de se fazer marketing, estão permitindo o desenvolvimento de aplicações diversas, que integrados aos princípios do Marketing do Século XXI, tem permitido a criação, e o desenvolvimento, dos mais inusitados negócios online lucrativos.

Se você já tem um negócio no mundo físico, mas ainda não tira proveito das vantagens da internet, ou se você é um profissional liberal de qualquer área da economia, e não está conseguindo alcançar as benesses do mundo digital, ou ainda, se você tem receio de perder seu emprego, ou se está aposentado, ou se não tem nenhuma ideia do que fazer para ganhar dinheiro pela internet, então, a "Fórmula Online" é para você.

Prefácio

Jamais poderia imaginar que aquelas técnicas de vendas que aplicávamos no século passado demorariam quase duas décadas de internet para transformarem o marketing mundial. Hoje, com o início da "Era de Hiperconectividade", após quase 20 anos de internet, finalmente o marketing evolui, com base em um conceito definido, apoiado por ferramentas e aplicativos online, que abrem perspectivas de geração de renda e trabalho tão promissoras, que irão superar tranquilamente qualquer impacto no nível de desemprego, gerado pela substituição de seres humanos por máquinas.

Logo no começo de minha vida profissional, fui corretor de imóveis na Construtora Adolfo Lindenberg em São Paulo na década de 70, onde trabalhava com pré-lançamento de projetos da empresa. Depois, já morando no Rio de Janeiro nos anos 80, trabalhei como assistente de direção de TV do Herbert Richers Jr. na Rede Globo de televisão por vários anos. Fazíamos clips musicais para o Fantástico, novelas, longa metragens, e comerciais de 30 segundos para o mercado publicitário.

O Herbert sempre foi um talento como diretor de cinema e TV, e seu homônimo pai, fundou a empresa de dublagem que levava o seu nome. Para quem não conheceu, ela não se limitava apenas a dublagem dos filmes, mas fazia também a comercialização deles com exclusividade junto a Rede Globo, e TVs da época, graças a sua amizade estreita com Dr. Roberto Marinho e Silvio Santos. Além da exclusividade, a Herbert Richers, no bairro da Usina, na zona norte do Rio de Janeiro, era também um gigantesco estúdio de filmagem que produziu dezenas de longas metragens nas décadas de 50, 60 e 70, até alugar estes estúdios para a Rede Globo fazer novelas.

O Herbert Jr, nasceu neste ambiente, seu quintal eram estes estúdios, fazer e produzir cinema para ele era brincadeira de criança e desde cedo se destacou como diretor e ator. Conhecia tudo sobre cinema, assistia sempre vários filmes por dia em VHS na época. Sabia a cinegrafia completa de qualquer filme, desde diretor, atores, tomadas de cena, diretores de fotografia, de arte e de elenco, tudo. Sua esposa Tereza Trautman, também cineasta, produziu em 87, o longa "Sonho de Menina Moça" com Tônia Carreiro, Marieta Severo entre outros atores globais e eles lançaram o filme em Cannes. Além de assistente, eu atuei no filme, contracenando com o Herbert.

Herbert Richers Jr. e Marcelo Veiga contracenando no longa metragem "Sonho de Menina Moça" de Tereza Trautman em 1987 no Rio de Janeiro.

Em 1992, decidi passar um período nos Estados Unidos, e quando retornei recebi o convite para trabalhar na área de marketing e vendas da Sul América Seguradora, onde tive a oportunidade de fechar grandes contratos comerciais. Nesta ocasião, o sistema operacional Windows começava a fazer sucesso e a internet chegava mais promissora do que realmente funcional.

Desde quando trabalhei com Herbert Richers, mexendo com cinema todo tempo, estávamos acostumados a fazer os pré-lançamentos dos filmes que o pai dele ia sempre buscar nos Estados Unidos quase todo mês. Pré-lançar filmes sempre foi uma estratégia vencedora de marketing de Hollywood. No mercado publicitário de anúncios de TV que dirigíamos, trabalhamos também muitas vezes com essa estratégia, principalmente na área da construção civil, que me remetia ao meu primeiro emprego como corretor de imóveis em São Paulo para a Construtora Adolfo Lindenberg. Antes mesmo de termos um prédio construído, já fazíamos o pré-lançamento do empreendimento, demonstrando todos os seus benefícios e captando pretensos compradores que podiam reservar unidades mediante sinais em dinheiro.

Depois do departamento de marketing da Sul América Seguros, fundei minha própria corretora de seguros, quando participei de um concurso de ideias para a recém nascida internet no ano 2000, organizado pela consultoria McKinsey, onde usando a técnica do pré-lançamento, acabei me classificando entre os 80 finalistas entre cerca de 2000 inscritos, o que me valeu uma reportagem de duas páginas na Revista Exame de 28 de junho de 2000 com o título "Esses Seus Cabelos Brancos", porque na ocasião, eu já tinha 41 anos, é era considerado um idoso perto dos demais classificados do concurso, todos "nerds" com idades entre 15 e 25 anos.

Na ocasião, eu sequer tinha um projeto, tinha apenas uma ideia, e fiz o pré-lançamento dele no site, o que foi suficiente para logo em seguida a reportagem da Exame me encontrar. De lá pra cá, muita coisa melhorou e eu pude lançar meu segundo empreendimento online ligando televisão com internet, quando fundei em 2004 a TV Nordeste (www.nordeste.tv), no ar ainda hoje, e sempre utilizando a técnica do pré-lançamento do cinema, em todos os meus empreendimentos comerciais, fossem no mundo físico ou no digital. E assim temos visto o mercado publicitário se utilizar desta técnica com frequência com resultados de vendas extraordinários. Desde os primeiros anos da internet, diversos segmentos online começaram a se utilizar da mesma estratégia. Me lembro em especial do mercado editorial independente que funciona assim até hoje, com escritores norte americanos de autoajuda, como Brian Tracy, Antony Robbins, Dani Jonhson e tantos outros, pré-lançando seus produtos pela internet desde a virada do século.

A grande estratégia da "Fórmula Online" de Marketing e Vendas no Século XXI, começou a se popularizar a partir do anos 2000 com a internet, principalmente com a "Indústria dos Experts", com livros como o "Mensageiro Milionário" de Brandon Burchard, com o livro "Lauch" (Lançamento) de Jeff Walker, com o curso "The Art of Pre-Sell" da Psychotactics, com o livro "Advanced Selling Strategies" de Brian Tracy, entre centenas de outras iniciativas nos Estados Unidos.

Mas seu grande salto é recentíssimo. Esta "Fórmula Online"

de vendas está se tornando uma prática instituída de domínio público, no momento em que estão sendo criadas recentemente, as ferramentas de automação de e-mails, de blogs para captação de potenciais clientes, e plataformas de pagamento online seguras.

Por estar a frente da TV Nordeste (www.nordeste.tv) a mais de 10 anos, tive a oportunidade de conhecer na prática, o modelo americano da "Formula Online", em 2012, através de uma bolsa de estudos que ganhei, quando fui selecionado entre mais de 2000 líderes mundiais com influência no mercado de trabalho, para fazer um Curso de Liderança Avançada no Haggai Institute em Maui, Hawaii, U.S.A.. O curso durou um mês inteiro, em horário integral, com ênfase nas mais avançadas técnicas da "Fórmula Online" as quais transcrevo neste livro. Tínhamos aulas de Youtube, de Facebook, de Blog, de produção de cinema, fotografia, comunicação, marketing e publicidade, sempre com o respaldo no mundo digital.

Graduação em 2012 no Haggai Institute de Maui no Hawaii, USA, onde conheci durante um mês as técnicas americanas da "Fórmula Online".

O futuro tecnológico tão sonhado chegou, é preciso saber manusear estes recursos sob pena de ficar preso no passado da história. Este é o grande momento para você aplicar em seu negócio, esta prática de marketing tão eficaz. Você não pode ficar de fora.

O seu negócio no mundo físico não pode prescindir desta estratégia de sucesso em vendas digitais. Se você quer começar um negócio do zero, seja na área que for, sem a internet ele nunca crescerá o tanto que poderia.

Conheça, aprenda, invista e faça parte desse time de empreendedores de sucesso que tem faturado milhões online.

Capítulo 1

Marketing Digital

"O melhor momento para a grande transformação da sua vida é este; Aqui e agora!" – Ian Mecler

O Marketing do Século XXI

Muita gente pensa que a Internet já criou todos os seus multimilionários, como Bill Gates da Microsoft, o homem mais rico mundo, Steve Jobs da Apple, Mark Zuckerberg do Facebook, mas a verdade é que, estes são apenas os primeiros e mais conhecidos milionários ou bilionários online.

E o que a maioria das pessoas não sabe, é que depois deles, surgiram tantos, mas tantos outros, e estão surgindo mais a cada dia, que eu poderia citar uma lista infindável deles aqui, mas, deixo para os interessados, buscarem no Google.

A Internet Ainda Faz Milionários

O mais interessante nisso tudo, é que dentro da maioria desses negócios bilionários fantásticos, tem surgido outras centenas de milhares de novos milionários, que desenvolveram negócios tendo como base, estas plataformas online, já famosas.

E eu não estou falando de pessoas que investiram dinheiro, ou compraram ações destas empresas famosas, e se tornaram também bilionários quando elas abriram seu capital na Bolsa de Valores, fato estes, que também são verídicos.

Eu estou falando de pessoas comuns, usuários destas plataformas, que se utilizaram dos serviços delas, para gerarem outras fortunas.

O Facebook por exemplo, por ser uma rede social, tornou-se um lugar impossível de ser ignorado, por empresas ou profissionais autônomos, que precisem divulgar seus serviços ou produtos. E esta prática, quando bem utilizada, tem feito outra multidão de milionários, apenas aumentando o faturamento de negócios que já tinham no mundo físico, ou criando novos negócios partindo do zero, especialmente concebidos para o ambiente da web.

O Mercado Livre, um site de e-commerce internacional, presente em dezenas de países, é um outro exemplo. Surgiu em 1999 fazendo a intermediação, de negócios de compra e venda de produtos, pela internet.

Esta plataforma hoje, movimentas cerca de 8 bilhões anuais, fatura cerca de 250 milhões por ano, e tem 48% do seu faturamento oriundo do Brasil. Este site também é responsável, pelo sucesso em vendas, de centenas de comerciantes pessoas físicas e jurídicas, que se utilizam de seu potencial para alavancar vendas, seja através de lojas ou leilões online.

Foi assim quando o rádio surgiu, quando a televisão apareceu e depois a internet. As pessoas sonhavam em alavancar seus negócios, inicialmente no rádio, na TV, nos jornais e revistas. Mas o que estamos vivenciando agora, é o inicio de vida, de um potencial gigantesco, até então represado pelas baixas velocidades de conexão da internet. É a chamada Era da Hiperconectividade, a era da internet das coisas, onde tudo estará interligado online, e estar fora disso, é se auto sabotar, em um "suicídio comercial anunciado".

Ninguém vai prosperar sem passar pelo mundo digital. Mas calma, a boa notícia é que na mesma velocidade com que estas novidades chegam, elas trazem no seu bojo, a simplificação, pela própria necessidade de integração de todos.

No começo da internet tudo era complicado, as pessoas precisavam estudar linguagens de programação, que logo eram superadas por outras. As indústrias pré-internet, tiveram que se reinventar. A da música, foi uma que ficou evidente, daí surgiu o conceito do, tudo de graça, e não foi um modismo, ele já está ins-titu-cio-na-li-za-do e foi explicados em 2008 no livro "Free" (Grátis) por Chris Andersen, autor do também famoso livro "A Cauda Longa". Aqueles que conseguem compreender este tempo, percebem que ele só traz vantagens.

Mas para entendermos toda esta mudança, precisamos fazer um rápido apanhado, desta transformação tão intensa de conceitos comerciais, para entendermos, como se faz fortuna online, nesta nova era que esta surgindo.

O Novo Marketing

Para começar precisamos entender que a "Fórmula Online" de marketing digital, ou a "Fórmula Online" de vendas pela internet, não é um estratégia ou método, estabelecido por uma única pessoa ou um único método isolado, mas é o resultado de vários fatores, sistemas, ideias e aplicações que quando executadas em conjunto, alcançam faturamento financeiro excepcional no mundo digital.

A "Fórmula Online" é o segredo de se ganhar dinheiro em praticamente qualquer negócio, pela internet. Diferente do que muita gente acha, ela não é um negócio especifico para ganhar dinheiro, mas é o método ou o sistema, que aplicável praticamente a qualquer negócio, permite colher no ambiente digital, as benesses do faturamento excepcional.

Algumas pessoas tentam atribuir a "Fórmula Online" a uma

ou outra pessoa, mas ela não foi concebida por um único criador. Ela é uma sucessão de métodos e conceitos, de vendas e marketing, que modificados pelo impacto da revolucionária nova mídia mundial chamada internet, vem modificando modelos e paradigmas antes fortemente arraigados, para novas concepções e práticas comerciais, que só se tornaram possíveis, após a internet de alta velocidade, com suas novas aplicações e ferramentas recentes.

E cada uma destas sucessões de etapas, precisam ser destacadas com seus conceitos, e entendidas, para que possamos colocar toda a fórmula, em funcionamento. E cada uma delas, tem seus protagonistas próprios em cada momento, como veremos adiante.

Para entendermos a "Fórmula Online" de se vender pela rede mundial de computadores, precisamos entender antes como funciona o Marketing do Século XXI, no que ele difere em sua essência do marketing do século XX, da era da televisão. Para tirarmos pleno proveito das ferramentas e sistemas altamente lucrativos desse novo tempo, é preciso antes entender o conceito deste novo tempo, e ninguém melhor do que Seth Godin para falar sobre isso. Seth é quem hoje explica melhor a base do novo marketing digital e os casos e ideias expostos na sequências deste capítulo foram inspirados em algumas de suas palestras no TEDtalks.

A Base da Fórmula

Com a decadência da televisão, a audiência tornou-se exigente e a antiga forma de fazer marketing para as massas, não funciona mais. Hoje não se consegue mais manipular as pessoas.

E a maneira de fazer isso hoje, não importa o negócio, a profissão, a atividade nem o tamanho do que você esteja envolvido, é preciso envolver-se com a nova era que estamos vivendo, a Era da Difusão das Ideias, a Era da Hiperconectividade, um tempo extraordinário onde surgem novas possibilidades fantásticas de se ganhar dinheiro, tudo possível graças as espantosas velocidades de conexão da internet e seus aplicativos maravilhosos.

Hoje é possível conectar-se ao mundo todo através da sua própria emissora de televisão, sua própria loja online, seus próprios meios e sistemas de distribuição, pagamentos e captação de clientes, tudo ao alcance de um click, tudo operacionalizado por uma só pessoa, você. E é muito mais simples do que você possa imaginar.

Aqueles que entendem o novo Marketing do Século XXI, alcançam diretamente apenas as pessoas que lhe interessam, e elas são muito mais do que sua maior imaginação possa conceber, suficientes para lhe enriquecer. Você vai descobrir como, entre tantas pessoas fazendo a mesma coisa, como você é único, e somente você, terá sempre o seu público exclusivo, igualmente tão grande que você nem imagina.

O "Marketing do Século XXI" está tomando forma, muito recentemente. A internet ainda é nova, e como todo jovem, ela vem amadurecendo, se transformando e definindo algumas características marcantes.

No seu começo, ela causou mais expectativas, do que resultados, nestes seus 20 anos de vida, muita coisa se pensou sobre ela, se especulou, e conforme ela vai crescendo, ela vai mostrando a sua cara. Somente uma certeza foi unanimidade desde seu nascimento, de que seu potencial seria tão grande que não poderia ser imaginado.

Mudança de Rota

E assim foi que muitas suposições surgiram tão rápido quanto estão desaparecendo, e uma das principais foi de que o processo de globalização da humanidade, tornaria a cultura mundial homogênea, provocando a supressão das culturas menores, pelas maiores. Mas não foi o que aconteceu.

A internet fez os diferentes se conectarem e se fortalecerem, tornando o mundo globalizado, em um mundo segmentado por todos os tipos de culturas fortalecidas. E diferente do marketing de massas, hoje podemos direcionar a publicidade de forma segmentada, barateando seu custo, aumentando sua efetividade e a lucratividade das vendas.

Nós não somos mais como a Rede Globo apregoava, uma aldeia global, mas um mundo de infinitas aldeias, um mundo de tribos distintas. Tribos que nada mais são do que já eram, desde que surgiram a 6 mil anos atrás. Uma tribo, é liderar unindo pessoas e ideias.

Sempre foi isso que as pessoas quiseram. Elas estão habituadas a terem um tribo na igreja, no trabalho, na comunidade, no time, e hoje com a internet, temos tribos sobre tudo, em todos os lugares. A internet, que era suposta à homogeneizar todas as pessoas, unindo a todos, agora, ela separa todos por interesses. Existem grupos de pessoas unidos para todos os tipos de atividades.

O importante é que hoje as pessoas conseguem encontrar suas tribos, e se conectar com elas, em qualquer lugar do mundo. O mundo tornou-se multi-segmentado em tribos. As pessoas querem e precisam estar conectadas com seus semelhantes. As pessoas hoje tem milhões de amigos no mundo inteiro, que jamais se viram. Todos, amigos de grandes tribos digitais.

São as tribos, e não o dinheiro, nem a televisão, que conseguem mudar nosso mundo hoje. Estão mudando a política, conseguem alinhar pessoas em torno de um mesmo ideal, não porque os forçam a fazer algo contra sua vontade, mas porque eles querem se conectar uns com os outros.

E o que todos nós fazemos das nossas vidas hoje, é encontrar algo que valha a pena mudar, e depois, reunir tribos que reúnem outras tribos, que espalham as ideias, de tribo em tribo, transformando-se em algo muito maior que nós mesmos, para enfim se tornarem um movimento.

A Globalização Segmentou

Al Gore quando iniciou seu ativismo ecológico pela salvação do planeta, ele não o fez sozinho e não gastou montanhas de dinheiro em publicidade, ele o fez criando um movimento. Milhares de pessoas por todo o país faziam a apresentação por ele, porque é impossível estar em centenas de cidades simultaneamente.

A única coisa que você precisa é de umas mil pessoas, de mil fãs verdadeiros para que a ideia comece a se alastrar e siga adiante de forma poderosa. Mil pessoas que se importam o suficiente e vos permita chegar as próximas tribos que chegarão as outras próximas e assim por diante. Mas porque mil pessoas? Apenas porque é um bom número para começar, não tão difícil de se alcançar, e que tem se mostrado eficiente neste processo.

E isto significa que a ideia que você criar, ou o produto ou serviço, o movimento que criar, não é para todas as pessoas, nunca vai ser, não é um coisa de massas, não se trata disso. Se trata, ao contrário, de encontrar as pessoas que realmente acreditam, o seu segmento, a sua tribo.

Até aqui está fácil entender tudo isto, a questão é saber o que é preciso para ser este tipo de líder. Repare Steve Jobs e Bill Gates, o que eles fizeram, cada um da sua maneira, criaram uma forma diferente de navegar através da tecnologia.

Hoje eu produzo livros pela Amazon como também consumo quilos de outros livros por prazer ou aprendizado, mas imagine que maravilha seria se um dispositivo como o Kindle mostrasse também os comentários e anotações dos outros leitores dos mesmos livros, formaríamos todos um movimento, dos grupos de leitores, dos amigos, ou do que mais quiséssemos. O que aconteceria se autores ou pessoas com ideias, pudessem se organizar a partir de uma dispositivo como esse?

Liderando Os Sem Rumo

Os Beatles não inventaram os adolescentes, eles apenas os lideraram. Muitos dos movimentos e lideranças que conduzimos, resume-se a encontrar um grupo que está desconectado, mas que já tem um desejo. Não se trata de persuadir ninguém a querer algo que ainda não tenha.

O que estes líderes tem em comum é que são todos hereges, todos inconformistas. Os hereges olham para o status quo e dizem, isto não pode continuar, eu não vou me sujeitar a este status quo, eu estou disposto a ir na frente e fazer a diferença, a levar a coisa adiante, a levantar a bandeira, a não aceitar as coisas como estão.

E ao invés de ser mais um seguidor automático de uma manada cega, que não questiona, ou não se rebela contra aquilo que acha errado, ao invés de ser apenas mais um conformado, de vez em quando alguém se levanta e diz: "Eu não!" Alguém se levanta e diz:

"Isto é importante!" Temos que nos organizar em torno disso.

E nem todo mundo vai te seguir, mas não precisa todo mundo, é preciso apenas de algumas pessoas, que olhem para as regras, percebam que não faz sentido, e compreendam o quanto querem estar interligadas

A Zappo nunca foi uma loja de sapatos, mas sim a única, singular, o melhor lugar que já existiu para as pessoas que se interessam por sapatos, se encontrarem, para falarem de suas paixões, para se ligarem a pessoas que se interessam pelo que gostam. Pode ser algo tão prosaico como sapatos, ou algo tão complicado como derrubar um governo, mas são ambos exatamente os mesmos comportamentos. Algo como, eu não posso fazer tudo sozinho, mas se ao menos eu encontrar outras pessoas que se juntem a mim, então juntos poderemos conseguir algo, que todos nós queremos. Tão somente precisamos apenas, alguém que nos lidere.

E tudo começa com a sequência

1 – Contando uma história

2 – Conectando uma tribo

3 – Liderando um movimento

4 – Introduzindo uma mudança

Sequência essa que se repete, mais e mais a partir do seu primeiro grupo de umas mil pessoas. Mil tem sido o consenso.

E para começar o processo, precisamos nos fazer 3 perguntas:

1 – Quem nós estamos incomodando? Se não estivermos incomodando ninguém, não estamos transformando o status quo.

2 – Com quem estão se conectando? Porque para muitas pessoas, é para isto que estão envolvidas, é pelas conexões que estão sendo feitas uns com os outros, que estão se retro alimentando.

3 – Quem vocês estão liderando? É focando nisso, e não na mecânica do que produzem, mas no quem, para quem, na liderança, e é daí que provém a mudança.

Um produto tem que contar uma história. Quando alguém perguntar sobre ele, qualquer um repetirá a mesma história. E aquela ideia, produto ou serviço não será mais cem, duzentos ou mil, mas será dezenas de milhares.

Ganha-se dinheiro quando se oferece solução, mas não é lutando contra o que esta errado que a coisa funciona, mas liderando aqueles que não concordam com aquilo. As pessoas que compartilham as mesmas ideias, precisam de liderança, isso faz a diferença.

Ninguém precisa da permissão de ninguém para liderar, mas se por acaso achar que precisa, saiba que as pessoas estão a espera desta liderança, as pessoas anseiam por alguém que os diga para onde ir, em que direção seguir.

Entre as virtudes dos líderes, eles são pessoa que desafiam o status quo, desafiam aquilo que esteja estabelecido. Outros aspectos é que eles constroem cultura, eles tem curiosidade sobre as pessoas da tribo. Eles colocam questões. Eles ligam as pessoas entre si e sabem o que as pessoas querem acima de tudo.

Os líderes querem que sintam a sua falta. Quando não aparecem, querem que lembrem dele, e é isso que os líderes de tribos conseguem. É algo fascinante, porque todos os líderes de tribos tem carisma, apesar de não precisarem dele para se tornarem líderes. Tornar-se líder atribui carisma. Se observarmos os líderes que tem sucesso, é daí que vem o carisma, de liderar.

E por último, eles entregam-se a causa, entregam-se a tribo, eles comprometem-se com as pessoas que lá estão. Um bom exercício para começar agora, e que leva não mais do que 24hs, é criar um movimento, experimente, alguma coisa que importa, mas comecem, façam, agora, nós todos precisamos.

Nascidos Para Melhor

Uma coisa todos nós fazemos todo o tempo que é tentar mudar tudo sempre. Sempre estamos atentos ao que nos incomoda, sempre estamos alertas a alguma coisa que possa ser melhorada, mesmo que inconscientemente. Nós tentamos fazer mudanças grandes, permanentes e importantes. Mas quando pensamos na mudança, não pensamos sobre o processo da mudança.

Um cara chamado Nathan Winograd, ele era o segundo homem na hierarquia da Sociedade Americana de Proteção aos Animais de São Francisco, mas o que ninguém sabe é que esta sociedade foi fundada para matar cães e gatos. As cidades americanas concederam licenças a estas instituições, para se livrarem de cães e gatos vadios, matando-os. Chegavam a matar 4 milhões de animais por ano.

Mas Nathan e seu chefe não suportando isso, transformaram a instituição de forma que cada animal, salvo os doentes ou perigosos, fossem adotados e não mortos. Ninguém acreditou que eles conseguissem e manifestações por toda a América surgiram contra eles.

Mas ambos persistiram, e se associaram a outras pessoas que pensavam como eles, e formaram um contingente humano a favor deles, muito maior dos que eram contra, e São Francisco tornou-se a primeira cidade que não matava animais vadios, porque eles tinham o apoio da comunidade.

Em seguida, mudaram-se para outras cidades dos Estados Unidos e começaram em cada uma, o mesmo trabalho, dando certo sempre.

Quando analisamos o que Nathan fez, nos remetemos a ideias. Criar uma ideia e espalhar uma ideia, carrega muito mais elementos por trás desta ideia do que imaginamos. Quem vai a um casamento judeu sabe, que as pessoas quebram pratos ou pisam em lâmpadas, e por trás deste costume existem vários motivos, mas uma das razões é, simbolizar a mudança, do antes para o depois.

E hoje, na Era da Hiperconectividade, uma extensão da Era da Informação, estamos passando por uma mudança na forma como as ideias são criadas, espalhadas e implementadas.

A TV Perdeu Posição

E quando nós falamos em divulgar ideias, nós estamos falando de televisão. A TV e todos os meios de comunicação de massa, tornaram eficientes a divulgação das ideias. E este sistema de divulgação de ideias, se tornou essencial para se vender bem qualquer coisa, porém a um custo muito alto.

Hoje se fala em internet e em Google, o lugar onde se encontra qualquer coisa, e poderíamos pensar que se arrumarmos um jeito de ocuparmos uma das primeiras posições do Google, seria suficiente para vendermos qualquer coisa, mas não é simples assim.

Antes da internet precisávamos gastar fortunas para alcançar milhares de pessoas, quando apenas algumas iriam se interessar. Era o chamado marketing de esperança, dávamos um monte de tiros para todo lado, na esperança de acertar alguns, e continuávamos esperando, que estas pessoas nos procurassem, e resolvessem comprar algo de nós.

Mas aconteceu que grande parte das pessoas, que ainda estão vivas hoje, passaram grande parte de suas vidas conhecendo ideias, produtos e serviços, através do marketing de esperança, e nós conhecemos muitas destas ideias, porque alguém soube apresentá-las de alguma maneira diferente, que nos tocou de alguma forma, mas, outra vez, por alguma motivo, isto não está mais funcionando hoje.

Empresários gastam milhões para divulgar seus produtos, com belas embalagens, lindos outdoors nas ruas, belíssimos anúncios em revistas, jornais e televisão, ações em locais pontuais, belas garotas, mas esquecem de nos perguntar, se estamos interessados. E se eu estiver interessado, porque eu compraria dele, se já estou acostumado a anos a comprar do concorrente?

Hoje, nós temos revistas especializadas sobre tudo. Nos Estados Unidos, isto já é comum a muitos anos. Revistas somente sobre um determinado esporte, sobre idosos, sobre profissões as mais variadas, e tantos outros assuntos, quanto possam existir, quando a pouco mais de 20 anos atrás, antes da internet, tínhamos meia dúzia de boas revistas, que falavam um pouco de tudo.

Hoje, muitos empresários e publicitários ainda erram, fazendo milhares de tentativas de campanhas publicitárias, ao custo de milhões de dólares, para apenas testar se esta ou aquela companha, farão alguém comprar um pouco mais, de um de seus produtos.

E a razão desta grande mudança, desta quebra de paradigma publicitário, no século XXI hiperconectado, é que as pessoas não estão interessadas no que estão tentando empurrar para elas. Estão jogando milhões de dólares fora, em marketing ultrapassado, e isto porque as pessoas hoje, tem menos tempo e milhares de outros interesses diversos, por causa da avalanche de informações que recebem.

A compreensão desta mudança é essencial para entendermos como precisamos atuar hoje para divulgarmos nossas ideias, produto e serviços em um mundo que temos nossa própria emissoras, loja online, sistemas de e-mail e de pagamento praticamente de graça, onde todo mundo tem acesso a isso, e por isso precisamos nos destacar dos demais. Mas como?

Inesquecível e Extraordinário

Hoje, tornou-se óbvio ignorar todas estas propagandas invasivas, que não foram por nos autorizadas. Por isso você dirige por uma estrada pelo campo, onde existem muitas pastagens, com muitas vacas, onde elas passam a ser invisíveis para você, pois são todas iguais, centenas, milhares, que se tornou automático para você, não vê-las.

A não ser que uma delas esteja pintada de verde ou roxo, aí sim, algo diferente irá chamar sua atenção. Mas se todas se tornarem verdes, com certeza voltarão a ser invisíveis e passarão despercebidas por você.

Por isso, o fator que decidirá se as pessoas falarão de você, ou a respeito de algo que você esteja fazendo, algo que esteja mudando, algo que esteja sendo comprado, fabricado, será o fato disto ser ou não notável, será o fato disto ser incomum, admirável.

E ser notável no contexto do marketing, significa ser notado, significa digno de nota, e esta é a essência para onde a difusão das ideias, dos produtos e dos serviços esta indo.

O que os marqueteiros estavam acostumados a fazer, era produtos medianos para pessoas medianas. Isto chama-se marketing de massas. Eles atiram no centro da massa humana ignorando totalmente a distinção de pessoas e seus distintos interesses.

Mas, em um mundo onde a TV tradicional está quebrando, está perdendo sua audiência, esta estratégia de marketing não funciona mais, porque as massas ignoram o excesso de informação.

Mas vender para pessoas, interessadas no que se tem a oferecer, estas darão valor. Estas pessoas exatas, que querem o que se oferece, elas tem obsessão pelo que buscam. E quando falamos com elas, elas ouvirão, porque estamos falando sobre elas. E elas falarão para outras pessoas sobre nossa ideia, serviço ou produto e isto se espalhará.

Essas pessoas, este segmento de pessoas tem entusiasmo, e se tornam fãs, são aficionados, eles desejam o que procuram, e tem obsessão por seus interesses.

Neste novo ambiente, fazer um produto para vender, ter uma ideia para inventar, ter qualquer problema que você queira solucionar, que não tenha relação com paixão, com fascínio, será praticamente impossível ter sucesso.

Ao invés de atirar para todo lado, é preciso encontrar um grupo, um segmento de gente que se interessa pelo que você tem a dizer. Fale com eles e facilite as coisas, para que eles contem para outras pessoas.

Existe um ioiô que está a venda por 112 dólares, mas ele pode ficar girando por 12 minutos. Nem todo mundo tem interesse, mas a empresa não se importa, eles só querem falar com que quer, e talvez isto se espalhe.

Outra empresa criou um som para carro tão alto e potente, mais alto do que o som de um Boeing 747 acelerando, onde ninguém pode entrar dentro do carro, seus vidros são blindados senão explodiriam, mas quando alguém quer colocar som no automóvel, sempre lembra da marca dos altos falantes potentes.

A "Fórmula Online" de vendas digitais é simples, você vende para as pessoas que estão escutando e se, e somente se, elas contarem para outras pessoas, então seu negócio será um sucesso. É o único caminho.

Por isso, quando Steve Jobs fala para 50 mil pessoas em suas apresentações, todo o mundo em 130 países está prestando atenção, assistindo seu comercial de 2 horas. Esta é a única estratégia que mantém a maior empresa do planeta, viva e em primeiro lugar. É por que aquelas 50 mil pessoas, se interessam obcecadamente o bastante, para assistirem a um comercial de 2 horas, e então contarem para milhares de outras.

A banda Pearl Jam lançou nada menos do que 96 discos nos últimos dois anos e todos deram lucro. Como? Eles vendem somente através do site deles para pessoa que tem obsessão, paixão, fascínio. E então eles contam para os amigos e o negócio se espalha cada vez mais.

Um berço de hospital que custa 10 mil dólares, 10 vezes mais que os comuns, e está vendendo mais rápido que qualquer outro modelo, usa o mesmo princípio.

Um modelo de lata de tinta diferente salvou uma companhia da bancarrota. Custa 35% a mais que a tinta comum, e faz enorme sucesso, apenas porque as pessoa falam sobre o formato da lata, porque ela é notável, é diferente e prática. Eles não fizeram apenas um novo comercial para o produto, eles mudaram o que significava fabricar um produto para pintura.

O site AmIHotorNot.com, (Eu Sou Quente ou Não) tem uma audiência diária de 250 mil pessoas que é mantido por dois voluntários, tidos como exigentes, e eles não conseguiram isso fazendo muita propaganda, mas apenas sendo notáveis.

Um porta-retratos ligado na tomada, que muda de foto a cada instante, e que torna-se sempre o motivo da conversa de todos que o vêem, ou diamantes falsos feitos de cinzas das pessoas cremadas, são ambos, dois outros produtos notáveis. Depois que você morre, te transformam em uma pedra preciosa. Você gostou do meu anel? É a minha avó! É o negocio que mais cresce na indústria funerária hoje.

Você não precisa ser um roqueiro heavy-metal, você não precisa ser radical para fazer estas coisas, o que você tem que fazer é descobrir o que as pessoas realmente querem, e dar isto para elas.

Existe um lago no estado de Washington nos Estados Unidos chamado Soap Lake, o Lago da Sopa, e ele costumava ser visitado por muitos turistas, mas isso não acontece mais.

Então um comitê da cidade, que tinha algum dinheiro para gastar, acostumado a fazer coisas seguras e medianas se reuniu para decidir o que, e consultou um artista famoso que sugeriu, fazer no centro da cidade um abajur gigante de larva de vulcão.

Eu não sei a sua opinião mas se isto um dia for construído, eu quero ir lá para ver!

5 Passos Para Viver O Novo Marketing

1 - O projeto é de graça, sai da sua imaginação, e quando você consegue atingir escala, e aparece com coisas que são notáveis, é comum o projeto passar a trabalhar para você.

2 - A coisa mais arriscada que você pode fazer agora, é não correr riscos. Segurança é arriscado. O modelo seguro é ter sempre produtos medianos para pessoas medianas.

Isto é arriscado, a coisa mais segura agora é ir aos extremos, é esquecer as massas em busca do mais segmentado e focado possível. Seja notável.

3 - Ser muito bom é uma das piores coisa que você pode fazer. Muito bom é chato. Muito bom é mediano. Não importa se você esta gravando um disco, se você é um arquiteto ou se você é um sociólogo.

Se é muito bom, não vai funcionar porque ninguém vai

prestar atenção.

4 - O que você precisa fazer é identificar quem te dá valor. Aqueles que vão levantar a mão e dizer: "Eu quero saber o que você vai fazer no futuro" e vender alguma coisa para eles.

5 – Lidere no seu segmento, no seu nicho. Milhares de pessoas anseiam por liderança e orientaçao.

Capítulo 2

Vendas Espetaculares

"Lucro é o subproduto das coisas bem-feitas". - Phillip Kotler

Transforme seu Marketing em um Espetáculo

Vimos até agora as diferenças do "Marketing do Século XXI" para o do século XX. A televisão tradicional está minguando com a falta de audiência, a publicidade ainda desperdiça muito dinheiro com ela, porque não entendeu ainda a internet completamente.

A Era da Hiperconectividade substitui a Era da Informação na 4ª Revolução Industrial, e hoje o marketing de massas é substituído, pela segmentação de um mundo globalizado em tribos distintas, capitaneada por líderes inconformados, que arregimentam movimentos, e onde somente o notável, o singular ou o extraordinário, se destacam.

Com esta base conceitual, muito bem caracterizada pelo marqueteiro americano Seth Godin, um outro papa dos negócios, que também entende muito sobre marketing, Steve Jobs da Apple, em mais uma de suas criações insólitas e extraordinárias, trouxe para a internet, a estratégia publicitária da indústria cinematográfica de Hollywood, estabelecendo mais outra importante etapa para a conceituação da "Fórmula Online".

A estratégia era usada a décadas, nas campanhas publicitárias de seus filmes, e Jobs soube tirar dela todo o seu proveito, e a transportou para a internet, para lançar seus próprios produtos. Ele passou a lançar seu Iphone, com pré-lançamentos antes do lançamento oficial, como nos filmes de Hollywood, de forma a causar grande expectativa nos interessados, levando-os a desejar ansiosamente pelo produto, antes mesmo que ele fosse lançado.

Funcionou tão bem que a técnica passou a ser uma aplicação recorrente no ambiente online de vendas, quando associado a outras plataformas digitais como os vídeos do Youtube, os blogs, plataformas de automatização de e-mails e sites de pagamento online. Soma-se a tudo isso os conceitos de Seth Godin como as tribos digitais, a ousadia dos líderes, os movimentos de ideias, o fazer notável diferenciado, mais as campanhas publicitárias com Pré-Vendas antes dos lançamentos, e "bimba", está formado o conceito sofisticado da "Fórmula Online" de vendas pela internet.

A Indústria dos Experts

Como se não fosse suficiente, outro ofício extremamente próspero nos Estados Unidos, a "Indústria dos Experts", ou "Indústria dos Especialistas", tomou posse de toda essa estratégia, para ampliar de forma global seu alcance, a tal ponto que transformou-se em um verdadeiro setor de economia, tamanha sua abrangência, benefícios, facilidade de implementação, faturamento global e acima de tudo, faturamento veloz e extraordinário para seus executores.

Ela consiste em você usar seus conhecimentos, o que você mais gosta de fazer, suas experiências de vida, sejam boas ou negativas, empacotar tudo em infoprodutos, e vendê-los em cursos pela internet, através da "Fórmula Online" de marketing do século XXI. Uma espécie de consultoria digital.

Se você ainda está acompanhando a explicação, dada a velocidade das transformações, saiba que ela é fruto da própria velocidade da luz da Era da Hiperconectividade, e isso é apenas o começo deste livro, o começo da "Fórmula Online" e de tudo que em breve ainda veremos no mundo digital.

E para concluir esta introdução, no extremo derradeiro desta cauda de transformações, podemos citar ainda adaptadores de toda esta estratégia, como Jeff Walker do livro Launch (Lançamento), que no Brasil foi replicado por Erico Rocha com a sua Fórmula de

Lançamento, por Samuel Pereira com os Segredos da Audiência, com Bruno Picinini com a Máquina Automática de Vendas, e diversos outros homônimos de fórmula, de segredos, digitais, online, de lançamentos, de vendas, de audiência e por aí vai, são todos "Fórmulas Online" de se vender com sucesso no mundo digital.

Todos usando sempre a mesma "Fórmula Online" de se vender praticamente qualquer coisa pela internet, de se digitalizar qualquer negócio do mundo físico para o mundo digital, ou de como montar um negócio lucrativo online partindo do zero.

Como Funciona

A "Fórmula Online" é um processo comprovado, que mostra passo-a-passo exatamente como lançar um produto pela internet de forma relativamente simples, rápida e extremamente lucrativa. Você tem um pouco de trabalho a mais no começo, para montar seu sistema e seu produto, mas depois ele funciona praticamente sozinho gerando renda contínua. Isto já é realidade para milhares de empresários e empreendedores independentes no Brasil e no mundo.

Se você já tem um negócio, ou você está ansioso para começar um, esta é a receita certa para obter o mapa do tesouro para o segredo dos empreendedores digitais bem sucedidos, que criam negócios digitais automatizados que vendem muito, até quando você estiver dormindo.

A "Fórmula Online" ensina o passo a passo desta estratégia comercial digital, onde ao aplicar seus conceitos em uma sequência lógica, criamos a convicção da compra, levando este mercado potencial engajado, a adquirir o produto e estabelecer a fidelização.

Se você acha que nas suas estratégias de marketing, você deve focar a maior parte do seu tempo, nas redes sociais como Facebook, Twitter, Google Plus, Instagram, Youtube, Pinterest ou outras novidades do momento, saiba que você pode estar muito enganado.

Estudos atualizados demonstram que:

> 92% dos usuários na internet tem ao menos 1 e-mail.

> 72% dos usuários checam a sua caixa de entrada de e-mails 6x ou mais todo dia.

> Existem mais de 3 bilhões de contas de e-mails no mundo. (São 3x mais contas de e-mail do que todas as contas do facebook + twitter somadas)

> Clientes que recebem uma newsletter por e-mail gastam 83% mais, do que os não cadastrados.

> Em relação ao uso comercial, 75% dos usuários utilizam o e-mail contra apenas 3% das redes sociais.

> Em 2012 o e-mail marketing teve um impressionante ROI - Retorno Sobre Investimento, de 4000%.

> O custo para enviar e-mails é praticamente de graça.

Você Digital

Barreiras e intermediários, em quase todas as indústrias, desapareceram. Um escritor ou um músico, não precisam de um agente, e qualquer um pode vender seus produtos direto na internet, sem precisar de ninguém envolvido no processo. Qualquer um pode usar as redes sociais, sistemas de pagamento, de entrega, propaganda, quase tudo de graça ou muito barato, e facilmente comunicar-se com milhões de pessoas em todo o planeta.

A mesma facilidade se dá no retorno praticamente imediato das pessoas. Vender não é mais uma via de mão única, você pode saber rapidamente o que sua audiência pensa. Ferramentas de e-mail marketing facilmente disponíveis para qualquer leigo interessado, pode rastrear seu público, comparando dados que podem ser analisados.

Quando comparamos as formas de vender do passado, agora sabemos como nossas campanhas publicitárias repercutem para nosso público, de maneira muito mais rápida e eficiente.

A estrutura e operacionalização do sistema, começa com a produção de conteúdo para um blog, somado a produção de vídeos no Youtube, focados em captar e-mails para criação de uma lista, que administrada por uma plataforma de e-mail marketing automatizada, aliada a divulgação nas redes sociais, permitirá implantar a campanha publicitária de vendas, que criarão o desejo irresistível de consumo, nos integrantes da sua tribo, conduzindo-os até o venda final do produto ou serviço.

Transforme Seu Marketing Em Um Espetáculo

A única forma de se destacar dos competidores é criando uma experiência, um espetáculo. Quando um grande produto é lançado, sempre antecede a ele, uma sequências de eventos. No cinema existe o trailer, depois o trailer oficial. As estrelas do filme participam de um circuito de talkshows na semana que antecede ao evento. Nesta fase, aparecerão mais artigos em jornais, revistas e blogs a respeito, e então quando o filme é lançado, todo mundo está falando a respeito e todos querem ser os primeiros a o terem assistido.

Um exemplo emblemático de nossos dias diz respeito a rigorosa sequência de eventos produzidos pela Apple antes de lançar um novo produto. Muitos sites criam rumores, especulação e opiniões, sobre possíveis características do produto antes que o anúncio oficial seja feito. Muitas vezes a Apple envia convites para o evento de anúncio da novidade, com algum tipo de pista sobre o que seria o acontecimento.

Ocorre que, especulação e eventos promovem, e não por acaso, o produto não começa a ser vendido, vindo a ficar disponível para compra nas semanas e meses seguintes.

Na véspera do dia oficial, do início das vendas do produto, celebridades são vista com, ou usando o produto. Tudo isso é intencional. Celebridades aparecem onde o público alvo do produto está, com o máximo de exposição, como parte da estratégia de divulgação.

Marketing não trata apenas de você

Isole, ou ignore muito seus clientes, e você não terá nenhum. Marketing é comunicação e deve incluir ambas as partes, você e o consumidor. Você tem que manter a atenção do cliente, e uma das melhores formas de fazer isso, é conversando com eles. Dizer simplesmente, para comprarem sempre seu produto, não resolve. Você não mantém a atenção, e seu cliente vai ignorá-lo.

Ao invés da desesperada, agressiva e repulsiva estratégia de venda tipo, "compre meu produto", você tem que engajar o candidato de uma forma que tenha a ver com ele. Por exemplo. Se você for um aprendiz de guitarrista, e seu professor lhe diz, "Ei, eu tenho uma técnica fantástica, onde você aprende a tocar uma música por semana. Na verdade eu estou pensando em colocar junto meu método secreto. Eu quero ter certeza de que ele é bom. Você pode me ajudar dizendo o que você acha? E se você esta tendo alguma dificuldade para tocar uma musica inteira? Isso de longe parece algo como "Compre meu produto". Ao invés, isso engaja compradores potenciais a conversarem.

"Quando você tem um novo produto, você não pode depender de uma única mensagem de venda".

Há muito mais poder em uma "sequência". É como a diferença de um tiro para uma rajada. Qual tem mais chance de acertar? E se ele for uma sequência toda planejada, na mesma direção? Já imaginou? Uma sequência de marketing é igual a uma Pré-Pré-Venda, seguida de uma Pré-Venda, da Venda Oficial finalmente, com toda a sua estruturação própria, e logo depois continuando, a Pós-Venda e o acompanhamento. É pouco? Sim, porque tem mais, que é o conhecimento de todos os sistemas, e operacionalidade digital de tudo isso. É isso que a "Formula Online" tem. Tem todas estas expertises reunidas em um só ambiente de estudo, tudo em um único pacote completo e definitivo (ver www.formulaonline.com.br) .

Venda Sequencial

Não é a toa que as séries do cinema com versões 1, 2, 3 e as vezes mais, fazem tanto sucesso. E este sucesso cada vez maior, se traduz em aumento de faturamento, de lucro. O exemplo dos livros de Harry Potter, é um caso típico de venda sequencial de um produto. Qual dos livros da série lhe chamou mais a atenção? Com certeza não foi o primeiro, mas o último, porque a cada livro a atenção dos fãs aumenta. Criou-se a expectativa.

Neste ponto é preciso lembrar que este sistema de vendas tornou-se possível e revolucionário no momento em que a internet com suas novas fermentas, tornaram-se maduras o suficiente, para permitir sua popularização. Isto está proporcionando a migração de toda forma de marketing de vendas para o formato digital, através das redes sociais, das plataformas de blogs, da automatização de e-mails e de pagamentos, tudo via internet.

Depois da compreensão do sistema da "Fórmula Online", uma estapa importante para se abordar, dada suas novidades, é a automação dos e-mails. Esta fase é fascinante, ela no início vai exigir de você conhecê-la, testá-lá, mas uma vez feito isso, sua vida se tornará incrivelmente mais fácil.

Todos os seus e-mais serão respondidos e direcionados automaticamente, para as etapas seguintes em direção a concretização das vendas. Você vai preencher e-mails "modelo", vai colocar seus dados, logomarca e vídeos, vai fazer o mesmo com as "Páginas de Captura" de clientes em potencial, já prontas, e uma vez montado tudo, você passará a ganhar dinheiro até dormindo, porque a plataforma fará tudo para você. O início é uma novidade, você não escaparás dos tutoriais, mas cumprida sequencialmente esta parte, você se tornará um expert. Basta querer.

Etapas da Sequência

1. Pré Pré-Venda

2. Pré-Venda

3. A Venda Oficial

4. Pós-Venda

1 - Pré Pré-Venda

Esta etapa costuma servir para avaliar a receptividade do mercado em relação a sua oferta, e quais seriam as eventuais razões pelas quais as pessoas poderiam não querer o que você oferece. Mas ela serve principalmente, para quem está começando e não tem sequer uma lista de e-mails. Para isso dedico o Capítulo 4 inteiramente ao tema "Começando do Zero".

2 - Pré-Venda

Nesta etapa, a mais importante, você deve oferecer gratuitamente, três diferentes conteúdos de valor do seu produto. O estágio de pré-lançamento deve ser usado com base em princípios mentais, por alguns chamados de gatilhos, que seguem os mais testados conceitos de vendas e marketing, incluindo entre muitos, os princípios da Autoridade, o da Prova Social, o da Comunidade, o da Antecipação e o princípio da Reciprocidade. Veremos outros adiante.

3 – Venda Oficial

Este é o dia aguardado e esperado do início das vendas, outra etapa importante da estratégia das vendas online, onde se cria a expectativa irresistível de compra e é quando entra o dinheiro. Essencialmente, trata-se de um e-mail que diz" "As vendas oficialmente começaram agora".

Estas vendas devem continuar estritamente, até um tempo curto pré-estabelecido, que pode variar de um a sete dias, quando então se encerra. Ela envolve aí, a conexão das demais etapas do seu negócio, com a plataforma de pagamentos, onde as pessoas fecharão negócio contigo, e onde você cruzará sua linha de chegada, subirá no podium do sucesso e receberá enfim, o troféu do lucro na sua conta.

O livro da "Fórmula Online" trata da teoria e faz uma introdução ao processo com exemplos e roteiros suficientes para você começar a tentar montar seu negócio. E o curso "Fórmula Online", une esta teoria, com a prática do uso das ferramentas, indicando e comentando muitas delas, demonstrando como utilizá-las e porque algumas (e quais) são melhores do que outras. Nele eu acompanho você no passo a passo, e você pode se conectar com outros participantes para trocar ideias e acompanhar seus projetos.

4 – Pós-Venda

Esta é a fase do acompanhamento da venda, ou de retornar a quem não comprou para novas tentativas de venda. Se realizada de forma apropriada, a Pós-Venda pode levar a conclusão da próxima venda. Com seus e-mails automatizados na plataforma de e-mails, seus clientes serão direcionados para o Pós-Venda ou para uma repescagem, caso eles ainda não tenham fechado negócio contigo.

A Construção da Lista de E-mails

Criar listas de e-mails é absolutamente essencial em qualquer tipo de negócio em nosso dias. Quando pessoas optam por ingressar e fazer parte de uma lista de e-mails ou newsletters, você passa a ter a liberdade de se comunicar com elas a hora que você bem entender. Mas para mantê-los na lista, você precisa supri-los de conteúdo de valor.

Quando você recebe uma mensagem em sua caixa de e-mail, você esta começando uma conversa muito pessoal. Mídias sociais como Twitter, Facebook e outros, elas vem e vão, surgem e desaparecem ciclicamente, enquanto o e-mail esta firme desde a invenção da internet. Já vimos o Orkut, o My Space, a AOL, entre tantos outros e o próprio Facebook está sempre mudando. Enquanto algumas destas redes tem valor a curto prazo, a construção de lista de e-mails e as estratégias de e-mail marketing já estão estabelecidas, são constantes e continuarão a ser.

Defina primeiro, o seu cliente ideal. Quem você quer alcançar para que você identifique como vai falar com ele, quais sejam suas necessidades, sonhos e tente suprí-los. Em seguida crie uma espécie de sedução ética de livre e espontânea vontade, que trate de algo de valor que você entregará em troca do endereço de e-mail. Na maioria dos casos são E-books, PDFs ou vídeos. E isto é feito na chamada "Squeeze Page", a "Página de Captura", onde a pessoa tem a opção de informar seu e-mail para receber o conteúdo de valor ou não. Costuma-se chamar isto de Marketing de Permissão.

Princípios Mentais de Vendas

I – Autoridade

As pessoas seguem quem tem autoridade, as pessoas tendem a seguir quem tem algo a dizer, as pessoas seguem e escutam médicos, advogados ou pessoas uniformizadas, quem demonstre ter experiência em determinado assunto, as pessoas buscam que outros os guiem nas decisões que tomam. Se você quer ser mais influente em seus negócios, vale a pena ser alguém visto como autoridade.

Se você é um autor de sucesso, se alcançou posições, se conquistou prêmios, você deve mencionar essas coisas quando for conveniente, nos lugares certos e horas oportunas. Você conquista um determinado nível a mais de confiança, quando demonstra autoridade, você não é mais visto, como apenas mais um, ou como um completo desconhecido ou amador.

II – Reciprocidade

Este é o princípio pelo qual quando alguém entrega algo de valor a você, você se sente na obrigação de devolver em troca outra coisa também de valor. Um exemplo típico do principio da reciprocidade são os aniversários e o Natal, quando você se sente na obrigação de também dar presentes.

III – Confiança

Quando se estabelece confiança, então você tem um relacionamento. Você está muito mais inclinado a acreditar nessa pessoa. Se a mesma informação vier de um estranho, não será suficiente, para que ela seja crível. Tipicamente, confiança é algo criado através do tempo. Diferente da venda de uma abordagem única, conduzida por publicidade, ou venda de oportunidade, a estratégia por lançamento em etapas, demanda tempo e interação intencional, ambas as quais se assemelham a confiança por desenvolvimento, por tempo.

IV – Antecipação

Isso te permite conseguir a atenção do mercado sem deixá-lo escapar. Pense em véspera de Natal, véspera de lançamento de produtos da Apple, véspera de formatura ou viagem de férias de verão. Antecipação tem muito poder. Quando você usa a antecipação da forma correta, as pessoas vão ficar de olho no seu evento e até mesmo anotar ele na agenda.

V – Cortesia

É fato que as pessoas gostam de fazer negócios com quem tenham um bom relacionamento, com quem conheçam muito bem, de quem gostem e confiem. E formas de ser cortês, incluem gentileza, amabilidade, generosidade e sinceridade. Geralmente quanto mais cortês e simpático você for, mais influente você será com os outros.

VI – Ritual ou Evento

Associar o marketing do seu novo produto a um evento, fará com que o lançamento do seu produto seja algo que as pessoas se sintam parte dele. Quando o seu time favorito estiver se apresentando, estar com ele o fará se sentir parte dele.

VII – Comunidade

Nós temos a tendência de agir, como a maioria das pessoas é suposta a agir, seja no modo de vestir, de se comportar, no que fazer. Se todos estão usando um roupa da moda, vendo um filme que lançaram, temos a tendência de todos fazermos quase as mesmas coisas. Basta um ator de filme ou novela usar um roupa diferente que todo mundo passa a usá-la.

VIII – Escassez

Quando existe pouco de alguma coisa disponível, algo dentro de nós, nos faz querer mais aquela coisa. Se você pudesse ter qualquer dos novos Apple Watches de graça, você não iria preferir um de edição limitada? Diamantes são valiosos porque são escassos em relação a outras pedras preciosas. Para ter um grande lançamento de um produto você precisa criar escassez com ele. É preciso criar o sentimento de perda para quem não participar, e geralmente as últimas 24 hs dele, correspondem a todos os demais dias combinados. É exatamente assim que acontece na compra dos presentes de Natal, ou das flores no dias das mães, ou dos namorados.

IX – Prova Social

Este é o conceito de que, quando nós vemos outras pessoas agirem, nós somos mais inclinados a agir da mesma forma. Por exemplo, quando você vai a um restaurante que não tem quase ninguém, você faz presunções a respeito disso. Quando você olha um item online com 50 comentários e outro com 5, por qual você se interessa mais?

5 Passos das Vendas Sequenciais

1 – Transforme o seu marketing em um espetáculo com as Etapas de Vendas da "Fórmula Online".

2 – Seja mais um na Indústria dos Experts, transforme sua experiência, seu hobby, seu conhecimento, sua vida, sucesso ou dor, em "Commodity".

3 – Prepare-se para aprender sobre outras plataformas digitais, como Blog, Automatização de E-mails, Produção de Vídeos para o Youtube, Pagamentos Online e o indispensável Facebook.

O curso pela internet da "Fórmula Online" em www.formulaonline.com.br, aborda todas estas práticas, te ensinando o passo a passo.

4 – Relacione-se com seus seguidores, e ignore os "haters", gente que vai atacar você por pura inveja do seu sucesso.

5 – Reveja sempre os principios mentais mais imporantes ao redigir suas mensagens, seja por e-mail ou vídeo, e não hesite em começar pelos roteiros apresentados, até que tenha prática.

Capítulo 3

Sequência de Vendas

"Ou você tem uma estratégia própria, ou então é parte da estratégia de alguém". – Alvin Toffler

4 Razões Porque Ninguém Quer, o Que Alguém Tem Para Oferecer

1 – Eles simplesmente não estão interessados. É como vender óculos para quem enxerga bem ou vender equipamentos de ginástica para preguiçosos.

2 – Eles não tem dinheiro para comprar isto. Sem possibilidade dele comprar de você, a não ser que eles queiram.

3 – Eles não acreditam em você. O comprador simplesmente

não se convence. Ele pensa que você mente ou está errado.

4 – Ele acredita em você mas não acredita que o produto vai funcionar com ele.

Não há nada que você possa fazer a respeito dos itens 1 e 2. Mas sua peça publicitária pode convencer aqueles que estão nos itens 3 e 4, e para isso vamos analisar as etapas de vendas do "Fórmula Online".

A Pré Pré-Venda

Esta etapa é mais usada para medir a receptividade do mercado para o que você tem a oferecer, e também para auferir eventuais razões para que alguém possa não querer o que você promove.

As principais questões sobre "Pré Pré-Venda" a se considerar são:

Como posso fazer as pessoas saberem que vou vender algo, sem agir como se eu tenha algo para vender?

Como posso deixar as pessoas curiosas?

Como posso tornar isto colaborativo? Que perguntas deveria fazer a elas?

De que maneiras posso tornar isso realmente divertido e excitante?

Como me destacar do resto dos competidores?

Como posso descobrir qual a maneira que o meu mercado vende melhor?

Como posso descobrir minha a forma exata de fazer a minha oferta?

Como fazer minha Pré-Venda de forma natural?

Responda a todas esta perguntas "antes" da Pré-Venda.

Como você verá adiante, a próxima etapa, a Pré-Venda, é a mais importante. Com prática e depois que você já for conhecido, poderá começar uma campanha de vendas online, começando direto da Pré-Venda. Porém, se você ainda não tem uma lista de e-mails, ou se você quer apenas testar a receptividade de um produto, a Pré Pré-Venda é mais eficiente e útil. Por isso, reservei o próximo capítulo chamado "Começando do Zero", para voltar a falar da Pré Pré-Venda em detalhes.

Agora, com a intenção de passar uma ideia geral da "Fórmula Online" e sua estratégia de vendas, abordaremos a sua fase mais importante, a "Pré-Venda".

A Pré-Venda

É chegada a hora de fornecer material valioso, de graça para seu futuros seguidores. A principal função desta etapa, a mais importante, é ativar os Princípios Mentais nas pessoas, como o Princípio da Autoridade, o da Prova Social, o da Comunidade, da Antecipação e da Reciprocidade.

E inegavelmente, a melhor forma de se fazer isto é através da sua própria emissora de televisão de longo alcance, o Youtube, a sua própria Rede Globo. Não resta a menor dúvida de que a melhor ferramenta de marketing hoje, é seguramente o vídeo. Sobre isto, é preciso considerar que hoje, é facílimo produzí-los. Graças às gigantescas resoluções dos vídeos atualmente, podemos produzir vídeos com qualidade profissional, apenas com um bom celular ou smartphone, no curso da "Fórmula Online" em www.formulaonline.com.br, analisamos o processo da produção deles, detalhadamente, para mostrar com é fácil e simples produzí-los.

Quanto ao quesito, ter jeito para aparecer na frente das câmeras, costumo dizer que sempre haverá um público imensurável para você, seja você lindo, feio, gordo, magro, comum ou simpático, pelo simples fato de que sempre haverá pessoas como você, que vão se identificar mais com você, exatamente por ser parecido com eles. Se não fosse assim, os diretores de elenco, as agências de atores, não estariam contratando carecas, brancos, negros, crianças, jovens, idosos, gordos e magros, com as mais variadas características.

A grande questao aqui e ter conteúdo para passar. As pessoas estão interessadas na mensagem e não necessariamente no interlocutor. Por isso também se diz no meio, que a qualidade do som, costuma ser mais importante que a própria imagem.

E a estratégia é, produzir 3 vídeos seguindo um determinado roteiro, para em qualquer das três etapas, atrair a atenção do expectador, para que deixe o e-mail dele com você. Isto é marketing de permissão, o expectador, ouvinte ou leitor, fornece o e-mail dando-lhe permissão para entrar em contato com ele de novo. Neste ponto começa a construção da sua lista de e-mails.

Antes da internet, qualquer profissional que se prezasse, fosse vendedor ou não, tinha que ter sua agenda de contatos. Hoje ainda tem, mas a lista de e-mail é a chave para sua estratégia de marketing digital vencedora, aquela que vai te trazer muito dinheiro.

Roteiro dos Vídeos na Pré-Venda

Vídeo # 1 – Convite para a Jornada (Oportunidade)

Vídeo # 2 – Mudança para Transformação

Vídeo # 3 – Experiência de possuir o Produto

Vídeo # 1 – Convite para a Jornada (Oportunidade)

O maior meio de comunicação da humanidade foi sempre a história, contada de pai para filho, de geração em geração. As pessoas que contam e acreditam em histórias possuem valores semelhantes. A "Jornada do Herói", é o tipo mais famoso de história, provada inúmeras vezes nos sucessos das lendas e histórias milenares, como a Odisséia de Homero, Bhagavad Gita ou Avatar, o filme de maior bilheteria da história entre tantas. Jorge Lucas a explora muito bem em Star Wars e qualquer um pode criar ressonância com as ideias de Joseph Campel, o maior estudioso de histórias e mitos, utilizando-se do padrão chamado a "Jornada do Herói".

Ela se desenvolve em 3 atos: Partida, Iniciação e Retorno.

Partida

Na "Partida" existe um cidadão comum que se tornará um herói em seu ambiente normal, onde há um problema implorando solução. Ele é chamado a aventura, onde algo muda drasticamente chamando o herói à ação. Ali ele sente a necessidade de tornar-se algo mais do que um homem comum. Inicialmente ele não quer ser um herói, não quer a responsabilidade, ele tem medo do que está por vir.

Mas o herói encontra alguém, o mentor, para ajudá-lo em sua transformação de homem comum em herói. O homem sábio que ensina mais sobre o herói, do que ele mesmo sabia. O herói aceita o chamado para deixar o mundo comum para trás, ciente de que deve ingressar em uma nova dimensão de vida, e tornar-se um novo ser. De repente o herói encontra-se a sua altura, lutando com seus inimigos, sendo testado fisicamente, emocionalmente e espiritualmente.

Iniciação

Na "Iniciação", o herói ainda é um soldado e luta por seus princípios. É quando ele reúne aliados, e se prepara para a batalha final, quando vai mudar tudo. Onde o herói descobre, que não pode mudar o mundo sozinho. E o meio da história acontece quando o herói deve enfrentar seu maior medo, muitas vezes a morte, e aprender que da morte, surge uma nova vida. Tendo enfrentado a morte, o herói tornou-se mais do que apenas um homem, ele é capaz de lutar contra o mal como nunca antes.

Retorno

O "Retorno", é o ponto onde o herói alcançou seu objetivo, o de ter salvo o seu povo, e onde o herói não vê a necessidade de retornar à vida normal e à dor. Mas algo esta ameaçando a recompensa que o herói recebeu. Algo ameaça tudo o que criou a paz, normalmente um força maior do que se pode esperar. As necessidades do herói o ajudam a voltar para casa. Ele pretendia encontrar seu caminho de volta. Muitas vezes uma cena de perseguição está envolvida.

O clímax final da história é quando o herói é testado pela última vez, diferente de qualquer outra luta que ele já teve antes, que o empurra aos seus limites, e faz com que ele use todo o seu conhecimento que ganhou ao longo dos anos. O herói finalmente é transformado, e sua jornada está feita. Ele pode finalmente viver feliz sabendo que o mundo está seguro.

A história, no formato da "Jornada do Herói", onde você é ele, e sua história tem tudo a ver com a experiência da ideia, produto ou serviço que você vai vender, faz com que você prenda a atenção do expectador. O enredo da Jornada do Herói cumpre a necessidade de sua história ser atraente e interessante.

Sua preocupação deve ser por que o beneficiado deveria se importar com o que você tem a dizer? Porque eles deveriam ouvir? O que você gostaria de fazer por eles? Você tem que oferecer algum tipo de transformação ou mudança. Você tem que ajudar com um pouco de dor para oferecer alívio. Se você não tem isso, o consumidor não vai querer comprar.

Não Venda Produtos, Venda Transformação

É preciso demonstrar ao expectador a "Oportunidade Específica", e como ela vai transformar a vida da pessoa. Mostre e diga a ele, porque ele deve te escutar. Neste ponto, o princípio da "Prova Social" ajuda, ou recomendações para você ou seu produto.

Ensine-os. Isto significa entregar valor passo a passo, de uma forma fácil de seguir. Levante objeções e responda a elas, ou prometa respondê-las. Você precisa conduzí-las a te acompanharem. Esta é uma ótima oportunidade de manter a curiosidade e de construir antecipação. Para isso, faça um comentário sobre o que você trará no próximo vídeo.

E nunca esqueça de ao final, fazer sempre uma chamada para a ação. Uma chamada específica. Pode ser para um comentário, um twitter, responder um e-mail, qualquer coisa. Se você não tiver uma chamada para uma ação específica, seu expectador simplesmente não fará nada. Pedir, tem um enorme poder, e quase sempre funciona.

Vídeo # 2 – Mudança para Transformação

Este é o vídeo onde você vai apresentar a mudança que o seu produto oferece. Se o vídeo #1 estava focado na "Jornada do Herói", no "porque", o vídeo #2 é focado no "o que". O que especificamente você esta oferecendo? Como isso você vai ajudar seu potencial cliente a transformar a vida dele? Foque, em 5 ou 10 minutos, no fato de que você pode ajudar sua audiência, a impactar a vida deles.

Inicie agradecendo e recapitulando a mensagem do vídeo # 1. Este resumo dever ser otimista e nunca automatizado. Recapitule a "Oportunidade Específica". Em muitos casos, o potencial cliente não consegue percebê-la na primeira mensagem. Portanto não suponha que ele conhece a "Oportunidade Específica". A repetição será um oportunidade de você resumir o que falou no vídeo anterior.

Neste segundo vídeo, reestabeleça outra vez sua autoridade, lembrando quem você é e porque eles devem te escutar. Faça isso em duas simples sentenças.

Ensine algo. Isto pode ser feito explicando alguma coisa, ou de uma forma que funciona muito bem, com um estudo de caso, citando alguém, contando seu caso sempre relacionando com o seu tema. Quanto a explicação, esteja certo que seja algo que possa ser implementado rapidamente. Isto ajuda a mostrar o valor que você entregará ao consumidor final. Fale também sobre as principais objeções respondendo-as diretamente. Isto dará garantia de que seu produto pode ajudar o consumidor.

E antes de terminar, não esqueça de também fazer menção ao vídeo # 3, isto constrói antecipação. Esteja certo de que seja algo atraente e sedutor. E como fechamento, nunca esquecer de fazer uma clara chamada para uma ação específica. Se a sua chamada não estiver clara, você não terá nenhuma resposta em seu e-mail. Peça para fazerem comentários, um Twitter ou qualquer outra resposta. Seja claro e mantenha tudo simples.

Vídeo # 3 – A Experiência de Possuir o Produto

Nas duas primeiras mensagens, você mostrou o potencial transformador, ou a mudança que está disponível no produto (porque e o que). Agora explique o "como' criando entusiasmo, felicidade, otimismo e euforia a sua campanha.

Vídeo 1 – Explicação do "Porque" (Potencial)

Vídeo 2 - Explicação do "O que" (Potencial)

Vídeo 3 - Explicação do "Como" (Entusiasmo)

Em outras palavras:

Vídeo 1 – Explicação do <u>"Porque" a sua audiência deveria estar interessada em seu produto.</u>

Vídeo 2 - Explicação do <u>"O que" é a sua solução.</u>

Vídeo 3 - Explicação do <u>"Como" funciona a sua solução.</u>

Agradeça sua audiência por comentários e perguntas feitas por ocasião do último vídeo. Mostre o quanto você está feliz com a oportunidade e como você está otimista por eles.

Recapitule a oportunidade e reestabeleça seu posicionamento. Não suponha que as pessoas tenham visto o primeiro vídeo, descreva a oportunidade brevemente e diga de novo quem você é. Não se estenda nesta fase, apenas mencione estas coisas brevemente.

Apresente algum estudo de caso ou conte uma pequena história. Uma história ajudará você a se conectar com audiência nesta fase caso ela seja <u>sedutora, fascinante, espetacular e relevante.</u> E responda as perguntas mais populares que você já tiver respondido.

Isso ajuda a fazer sua oferta mais clara e remove objeções.

Explique a "Visão Total da Proposta", a "Perspectiva do Alcance Máximo do Produto". Foque no máximo de "Transformação Potencial" que o comprador terá ao adquirir o produto. Analise os diversos ângulos dos benefícios e projete isto para o futuro do cliente.

Por fim, mostre seu produto e crie uma suave aproximação. Pelo menos 25% do seu Vídeo #3 precisa focar na menção a (uma) oferta especial que acontecerá em breve. Isto é importante porque permite que você não passe de amigo de alguém para um vendedor imediato e eventualmente inoportuno. Introduza o comprador e diga-lhe como ele deve se habilitar para receber a próxima mensagem, onde ele transformará a vida dele a um novo e mais elevado nível.

Certifique-se em oferecer a escassez

Quando você tem alguma forma de escassez em uma venda, você estabelece a chamada "Base de Demanda Temporal". Não seja muito agressivo com isto. Esta é a melhor hora de chamar atenção para ficarem de olho no próximo e-mail que chegará em breve. Alguns modos de criar escassez são: o aumento do preço, o fim dos bônus e mesmo a própria oferta se encerrando simultaneamente.

E por último sempre, uma chamada para a ação muito clara. Aqui você pode pedir outra vez comentários no seu blog, no seu canal do Youtube, um like no Facebook ou compartilharem a oferta com um amigo.

Esta é a visão geral das três fases da Pré-Venda de seus produto, composta de 3 vídeos, com os respectivos roteiros de como realizá-los. Quando isso é feito de forma apropriada, você estabelece um excelente relacionamento com seus consumidores. A chave da questão é oferecer valor maciço em cada etapa do processo. Você também cria um conversa de venda ao invés de apenas um tradicional abordagem de venda.

A Afinação Correta da Sequência de Venda

Um componente chave de sua estratégia é o tempo correto para realizar sua sequência. A escolha é sua, mas ela deve ficar em 3 e 10 dias no máximo.

Este tempo inicia no momento que seu VÍDEO # 1 é liberado (no youtube, redes sociais, lista de e-mails), até o momento que o produto é lançado e os pedidos começam a chegar. Se você está vendendo um produto barato, encerre em um período curto. Se você estiver vendendo um programa de treinamento, o melhor tempo poderá ser um período superior a 10 dias.

Sequência de 7 dias

1º dia - Vídeo # 1

3º dia - Vídeo # 2

5º dia - Vídeo # 3

7º dia - Abertura do Carrinho De Vendas

Sequência de 10 dias

1º dia - Vídeo # 1

3º dia - Vídeo # 2

8º dia - Vídeo # 3

10º dia - Abertura do Carrinho De Vendas

É preciso considerar aqui, que este "timing" é importante, mas não mais do que o próprio conteúdo do produto em si. Você deve entregar Valor Real, aí então sua venda online será um sucesso. Enrolar a audiência não é um bom negócio.

Quando você faz uma venda online, você quer satisfazer totalmente o consumidor final com a quantidade de conteúdo que você entrega. O sucesso total do seu produto está diretamente ligada a quantidade de conteúdo que você produz.

Antes de Clicar Enviar

Esteja certo de que você verificou todas as etapas do processo. Se os links estão funcionando. Se o formulário de pagamento está ok. Se os textos estão corretos. Verifique o que acontece quando um pagamento é realizado, faça um ou mais, até estar certo. A página de "Obrigado" está certa depois que a pessoa compra? Escreva um ótimo e-mail de confirmação para quando o produto for comprado.

Uma vez que tudo esteja testado e você esteja certo de que pode lançar, click no botão enviar que fará sua super venda acontecer.

Se ninguém comprar seu produto

Se o produto simplesmente não se converter em vendas, a primeira coisa a fazer é testar o processo de vendas. Percorra ele todo passo a passo. Talvez a página de vendas não esteja carregando ou seus e-mails simplesmente não estejam chegando.

Esteja certo de que sua oferta é "irresistível". Você está oferecendo uma solução da qual o mercado realmente se importa? Esse produto é algo que o mercado realmente quer e precisa desesperadamente? Ou isto é somente algo que você desejou criar? Você esta mexendo com os temores, esperanças e sonhos do seu consumidor final?

Se você decidir que você tem um problema com a oferta ou com o seu vídeo de apresentação, então é hora de parar e refazer logo o que for preciso. Você pode mexer em tudo, no vídeo e também no design da página de vendas.

Após a Venda

Uma da melhores coisas sobre o Processo de Vendas Online é a quantidade de retorno que você cria durante a campanha. Entregar conteúdo de valor é importante e duradouro. Relacionamentos foram estabelecidos e isto realmente interessa.

Lembre-se de ser humano e de ser você mesmo durante todo o processo. Ninguém compra de robôs. Seja autêntico e seja verdadeiro para você mesmo. Não deixe de se relacionar mesmo com os clientes que não comprarem. Mantenha estes relacionamentos para sempre e você poderá torná-los compradores no futuro.

Capítulo 4

Começando do Zero

"As únicas pessoas que nunca fracassam são as que nunca tentam".

Se você está totalmente no começo de um projeto de vendas online e não tem sequer uma lista de e-mails, você pode começar a partir da sua própria relação de e-mails pessoais. Envie um e-mail para a lista de e-mails que você tiver, ou publique um post nas redes sociais. Diga algo como "as pessoas estão me pedindo para publicar um curso de "Como Tocar Guitarra", se você estiver interessado me fale. E coloque um link para uma "Página de Captura" de e-mails, onde as pessoas tem que confirmar o e-mail delas para receber um conteúdo.

Este pequeno método lhe permite começar a construir sua Lista de E-mails de Vendas Online para seu futuro produto. Crie um Produto de Pré-Venda, através de uma série de e-mails. Durante este sequência de Pré-Venda, ofereça para a sua lista uma oferta, como por exemplo [um PDF, um E-book, um vídeo ou um Webnário, sempre com conteúdo de grande valor dentro do seu tema]

Certifique-se de que a oferta seja algo atraente e útil.

Convide sua lista para um série de tele-seminários ou webinários. Você pode usar serviços grátis como por exemplo o hangout do Google ou o Youtube, que são de graça. Interessante que quando você cobra por um webnário, as pessoas costumam ser mas condescendentes e aparecem. Quando é grátis, elas muitas vezes deixam o e-mail mas na hora não assistem. A meta de 30 ou 40 e-mails é uma boa marca, um bom começo de pessoas segmentadas no que você tem a oferecer. Sua lista começa a tomar força.

Introduza uma pesquisa prévia para seus candidatos a participantes. Faça perguntas do tipo, "se você pudesse sentar comigo para um café, quais duas perguntas você gostaria de me fazer?" Reúna as perguntas com uma ferramenta chamada "Surveymonkey.com" e construa uma lista dos 10 tópicos em que eles estariam mais interessados em aprender. Estas perguntas seriam a base para seu conteúdo nas conferências.

Transmita seu primeiro webinário e planeje o ensino para responder as perguntas num tempo médio entre 45 a 90 minutos. Envie uma pesquisa de acompanhamento logo apos a transmissão. Faça perguntas do tipo, "o que eu não abordei no assunto que você gostaria de saber mais?' ou "nossa próxima transmissão será sobre este tema específico, que perguntas você quer fazer sobre ele. Este retorno é valioso e ajudará você a planejar o que seu mercado quer. Siga os mesmos passos em sua segunda e terceira transmissão.

Ofereça aos participantes um presente para quem assistir o seminário ou a transmissão. Você sempre quer entregar mais. Portanto se você esta planejando fazer três transmissões, ofereça uma quarta de graça.

Transcreva profissionalmente a gravação de sua transmissão. Você terá agora algo em torno de 50 a 70 páginas de transcrições e 3 ou 4 horas de gravações em áudio/vídeo que são um grande ponto de partida para você adicionar ao seu primeiro lançamento.

Roteiros de E-mails para "Pré Pré-Venda

Veja um pequeno exemplo da sequência de Pré Pré-Venda de um produto online, através destes roteiros de e-mails, que você pode usar como guia. Você poderá preencher os espaços sublinhados dentro das chaves, com sua própria informação.

Roteiro E-mail de Inscrição nº 1

(Este é seu primeiro e-mail para seus beneficiários)

Oi, Tudo bom?

Obrigado por se juntar a nossa lista. Você pode aguardar por duas coisas:

1 – Nos próximos dias, eu estarei enviando a você algumas verdadeiras "pérolas" sobre o [Nome do Seu Curso]. Estes são resumos das aulas do curso oficial .

2 – Assim que o curso for lançado, você será o primeiro a saber.

Você pode cancelar sua inscrição a qualquer momento, e eu nunca revelarei seus dados para ninguém, nem te enviarei spams.

Obrigado,

Marcelo Veiga

P.S. Se quiser fazer alguma pergunta ou comentário, sinta-se a vontade para responder este e-mail. Obrigado mais uma vez!

Roteiro de E-mail n° 2

Prezado [favorecido]

Obrigado por solicitar minha série de áudio/vídeos grátis do [Nome do Seu Curso]

O Vídeo-Curso #1 já está disponível agora, basta clicar no link: [www.seucurso.com.br/video#1]

Coloque uma imagem com link para o vídeo.

Imagem do vídeo de Pré–Lançamento de meu livro "Só Não É Rico Quem Não Quer", a venda na Amazon.

Ele vem com um poderoso bônus, que vou te dizer num instante. Suponho que você tenha se inscrito nesta série por um destes motivos:

(Exemplos)

1 - Você ganha pouco.

2 - Você ganha o suficiente mas não sobra.

3 - Você está sem trabalho ou tem receio de perder o seu.

Seja qual for a categoria em que você esteja, eu tenho boas notícias para você: (fale sobre seu produto)

Exemplo 1 [A Internet está criando uma geração milionária de investidores e de empreendedores digitais sem fronteiras, que trabalham quando querem, de onde querem e levando um estilo de vida melhor do que jamais sonharam. Talvez você seja um desses futuros empreendedores que não vêem a hora de usar a tecnologia para conquistar sua liberdade financeira.]

Exemplo 2 [Hoje, na era da informação, está mais fácil do que nunca vencer no mundo digital. Este é o atual desafio, muitos acham que a competição é ferrenha ou que os primeiros já tomaram os melhores lugares. Pior do que isso, muito começam a duvidar de si mesmos, duvidando de que sejam capazes, principalmente quando vêem o que os outros já estão fazendo.]

Exemplo 3 [Eu sei disso porque acontece com todos nós. Mas como você vai assistir no primeiro vídeo desta série, é simples, possível e real tornar-se um investidor e/ou um empreendedor digital, fazendo o que você mais gosta, ganhando muito dinheiro ensinando aos outros o que você já sabe, compartilhando as suas experiências ou histórias de vida. "Faça a diferença e enriqueça compartilhando seus conhecimentos", você tem muito a oferecer, e muito para enriquecer com isto.]

Clique aqui para assistir o vídeo da primeira lição neste link: [www.seucurso.com.br /vídeo #1/

Em breve, eu também vou te enviar um link para o áudio/vídeo seguinte da série. Nele, você aprenderá a [substitua pelo seu tema: .... algumas importantes segredos para turbinar seu blog, fazendo ele se tornar um campeão de captação de e-mails, condição número um para você lucrar online.]

Mas antes, assista (ou escute) a primeira lição, para que você entenda porque precisamos fazer algumas mudanças em nós, para nos destacarmos da concorrência.

Curta a mensagem!

Nos vemos em breve,

[Seu Nome]

P.S. Este vídeo vem com um incrível bônus. [substitua pelo seu tema: .... é um infográfico grátis, "As 21 Maneiras de Pensar dos Ricos" uma estratégia essencial e indispensável de enriquecimento garantido, criado por Fulano de Tal, o autor do Best Seller do New York Times "Livro X" onde ele ensina o plano perfeito para viver bem e ficar rico.]

Roteiro E-mail nº 3

Olá, Tudo bom? Passei para te avisar:

A segunda aula já está disponível para você a partir de agora. Clique aqui: [www.seucurso.com.br/vídeo #2]. As 8 dicas que eu compartilho aqui causarão um enorme impacto em .... [substitua por um benefício do seu curso: ....].

Você poderá ver estas dicas sendo aplicadas na vida real, conforme formos avançando, como por exemplo [substitua por um benefício do seu curso: ....].

E a propósito, obrigado por todos os comentários deixados na aula # 1. Através dos comentários de todos, uma coisa eu posso concluir:

1. [substitua pelo seu tema: ....quem participou até agora está mais tranquilo, porque sabe que tem muitas outras opções para ....]

2. [substitua pelo seu tema: ....agora você sabe onde buscar informação confiável sobre ....]

3. [substitua pelo seu tema: ....agora você sabe que existem conhecimentos específicos para ....]

Eu parei de imaginar como seria e agora entendo!

[substitua pelo seu tema: .... <u>Muitas pessoas que antes</u> <u>andavam sem esperanças de</u> ...., <u>voltaram a acreditar que</u> <u>conquistarão</u> ....]

[substitua pelo seu tema: .... <u>O problema era que você</u> <u>não estava tendo acesso a informações poderosas e essenciais que</u> <u>podoriam alavancar seu</u> .... <u>Você não sabia como fazer</u> .... <u>Você não conhecia as</u> .... <u>que podem agora</u> ....]

A boa notícia? É a aula de hoje, clique aqui [www.seucurso.com.br/video #2]

Saiba tudo sobre [substitua pelo seu tema: .... <u>Solução de um</u> <u>problema e os benefícios desta solução</u>]

E o melhor de tudo. Esta lição # 2, vem com 2 bônus grátis (2 E-books em PDF) que o ajudarão a aplicar cada um dos pontos aprendidos e a conquistar todos os benefícios do curso [Nome Do Seu Curso]

Ele será seu plano de ação para [benefícios do seu tema <u>...............</u>].

Após você assistir a aula # 2, você...........

Você vai descobrir que você não precisa fazer tudo que a lições da aula te ensinam.

Você apenas precisa fazer as coisas certas. Esta é uma larga vantagem para você. Clique aqui para começar:

[www.seucurso.com.br / vídeo #2].

Roteiro E-mail Carrinho Vendas nº 4

Já está disponível para você agora:

O 3º e último vídeo do [Nome Do Seu Curso]:

[www.seucurso.com.br/vídeo #3].

Incluindo a surpreendente revelação de [alguém especial] (com emocionante depoimento/desta vez reeditado) e seu fantástico resultado em .... [Nome Do Seu Curso]

Também está incluído um convite. (Exemplo: Como Fazer Alguma Coisa Mais Fácil e Rápido).

Talvez você saiba ou não, já a algum tempo em venho formatando o curso [Nome Do Seu Curso]

Eu criei este curso para pessoas como você e eu, que .... Eu criei este programa de [Nome Do Seu Curso] para poupar dispendiosas tentativas para aqueles que procuram o caminho .... [Nome Do Seu Curso].

Eu desenvolvi este curso online, para ajudar as pessoas a mudarem suas vidas para muito melhor, solucionando um dos maiores desafios ....

Eu busquei muito, antes de saber como, li muito, pesquisei, estudei pessoas que chegaram lá, entrevistei, conversei, resumi, extrai e condensei conhecimento especifico sobre [Nome Do Seu Curso] e [92%] das pessoas que investiram no curso, o recomendaram para algum parente, amigo ou conhecido.

É por isso que realmente funciona.

Conheça algumas das incríveis histórias de sucesso em nosso site em [www.seucurso.com.br]. Nada é mais estimulante do que o depoimento daqueles que já investiram neste conhecimento e conquistaram resultados.

Veja alguns depoimentos de pessoas que assistiram o [Nome Do Seu Curso] e que obtiveram resultados rápidos.

+ Depoimento 1, 2, 3 …..

Melhor ainda, estamos comemorando nosso sucesso juntos. Ninguém tem que passar pelo processo sozinho. E eu quero o mesmo para você.

O compartilhamento dos comentários entre participantes será uma grande lição e suporte entre nossa fantástica comunidade de empreendedores digitais bem sucedidos, posso garantir isso. Tem funcionado e muitas pessoas que iniciaram o [Nome Do Seu Curso] com uma ideia, acabaram tendo outras ideias para lançar graça a troca de depoimentos.

Por menos de $ (quantia especifica) / dia, este será um dos melhores investimentos que você poderá fazer para garantir que sua mensagem, seu conhecimento e experiência alcance o mundo e não se perca.

Com isto em mente, quero te lembrar do seguinte:

Lembre-se, inscrições se encerram em (data especifica)

As inscrições para a nova turma do [Nome Do Seu Curso] estarão abertas somente 2 ou 3 vezes por ano. E uma extra eventual a se confirmar.

Para cada turma inscrita serão apresentados online aos demais participantes, para que fortaleçam vínculos que os ajudarão entre si a alcançarem maiores resultados.

Após esta semana, as inscrições serão encerradas outra vez por alguns meses. Se você quer começar a treinar a monetizar sua influência desde já, prepare-se para causar um grande impacto.

Aguardo te ver por aqui

[www.seucurso.com.br]

Atenciosamente,

[Seu nome]

Roteiro E-mail Carrinho Vendas nº 5

(Agradecimento / Fechamento)

Este e-mail de agradecimento geralmente é responsável por 50% do vendas fechadas, portanto, não se esqueça disso!

Olá,

Como você sabe, o [Nome Do Seu Curso] estará encerrando

as inscrições na próximas horas. Por isso gostaria de aproveitar para te dizer "obrigado"!

Obrigado por suas perguntas, seus comentários, suas idéias geniais durante esta sessão do [Nome Do Seu Curso].

Obrigado pelo privilégio de termos tido acesso a sua caixa de e-mails para compartilharmos este programa que criamos para pessoas como você que querem construir uma audiência com o seu potencial.

Tem sido uma imensa satisfação e honra poder conhecer suas histórias, encorajar o seu sucesso, e me esforçar ao máximo para lhe dar toda a atenção que merece.

Se você ainda esta querendo se inscrever para esta turma do [Nome Do Seu Curso], por favor, faça-o agora, antes que se encerre.

Amanhã, estaremos finalizando as inscrições, e começaremos uma nova turma somente dentro de alguns meses.

Se você não estiver interessado, sem problemas. Nós poderemos manter contato através de nossas histórias semanais inspiradoras, enquanto você nos permitir.

E se você prefere aguardar a próxima turma, tudo bem também. Não levará tantos meses assim, e você também pode se inscrever agora e terminar o curso mais tarde.

Por último, saiba que apreciei muito a confiança que depositou em mim. Tenha um ótimo dia e melhor será se pudermos nos encontrar durante o curso.

Tudo de bom

[Seu nome]

Conclusão

Quanto mais produtos você lançar, mas você aprenderá e ganhará com a "Fórmula Online" e tudo se tornará natural a medida que avança. Este método passo-a-passo tem provado cada vez mais sua capacidade de atrair e engajar consumidores como nenhum outro. Se você sentir vontade de fazer modificações na abordagem do programa, sinta-se a vontade. Ele é seu. Experimente usar e abusar para continuamente monitorar e aperfeiçoar seu processo.

Não hesite, comece agora!

Capítulo 5

Navegando na Onda

"Não é porque certas coisas são difíceis que nós não ousamos. É justamente porque não ousamos, que tais coisas são difíceis!" – Sêneca

Quando eu comecei a surfar, na praia de Itacoatiara, em Niterói no Rio de Janeiro, eu era o caçula de 5 primos, o último a me tornar surfista, e a maior dedicação que os demais tinham comigo, era permitir que os seguisse, desde que não atrapalhasse. Conclusão, foram muitas semanas de tombos sem fim. A onda de Itacoatiara é muito em pé e inclinada, são tubulares e volta e meia quebram pranchas e surfistas. Conseguir entrar na onda é o primeiro desafio. Depois fazer a curva na base, e voltar para a parede da onda, ou ficar dentro do tubo, são outras dezenas ou mais de "estabacos".

Eu já estava conseguindo entrar na onda, mas não ficava na parede, descia reto e ia embora na espuma, até que meu primo mais velho resolveu me dar um dica. E foi apenas uma, o suficiente para após mais três tentativas, eu me tornar um surfista na parede da onda e nos tubos. É impressionante como uma simples dica, pode mudar tudo.

Lição Tem Hora

Ainda lá dentro d'àgua, ele me explicou bem rápido dizendo: Marcelo, tá vendo a linha da longarina ao longo da prancha? Pois então, quando você for pegar uma onda para a esquerda, coloque os dois pés, mais à esquerda da longarina em direção à borda, vai fazer a prancha cravar na parede da onda. Para a direita a mesma coisa. Quando a onda for para esse lado, coloque os pés um pouco mais a direita da longarina e a prancha vai cravar na parede para a direita.

O que comecei a sentir dalí para a frente foi algo extraordinário e fenomenal. Passei a surfar em toda extensão da onda, a pegar os tubos e ir sempre até o final. Me tornei um surfista de verdade. E tudo por causa de uma dica. Mas porque eles não me disseram isso antes. Creio que queriam estar certos de que eu já possuia o desenvolvimento necessário para receber, reter e aplicar, aquela tão importante informação. E assim foi e assim é, na estrada do aprendizado. Nada como um bom mentor que quer o seu sucesso.

O que sei para ter chegado ao ponto de escrever, é fruto de muitas outras experiências. Mas quando temos um mentor, para saber a hora exata de nos ensinar a próxima lição, nosso desenvolvimento acontece mais rápido e melhor. Tenho amigos que nunca aprenderam a surfar além de ir reto na espuma da onda. Tive quatro surfista exemplares antes de mim, mostrando o que era possível se fazer até que um deles, me deu a dica exata para o próximo passo e na hora certa.

As teorias do Novo Marketing do Século XXI estão aí. A "Fórmula Online" é uma sucessão de várias etapas na história do comércio digital, nas práticas do marketing e nas estratégias mundiais de vendas, até chegar na internet. Qualquer um que pretenda se auto intitular inventor dela será apenas mais um oportunista. A "Fórmula Online" é patrimônio da humanidade, é uma tendência mundial de comércio eletrônico, um modelo desenvolvido e testado em muitas etapas, e por muitas pessoas ao longo dos anos, disponível para quem quiser navegar essa nova onda do marketing, nessa maravilhosa maré de prosperidade digital.

Digitalize seu negócio do mundo físico se você já tem um, ou crie o negócio online dos seus sonhos partindo do zero. Se está com medo de perder seu emprego ou já perdeu, reinvente-se, crie seu proprio trabalho. Se vai se aposentar ou já está aposentado, recomece sua vida e tranforme seu conhecimento e experiência de vida, em "commodity".

Um dos maiores legados da "Fórmula Online" é a possibilidade da criação de pequenos negócios que geram lucro desde o início, e que ganham rapidamente grande escala e volume. Este processo pode ser aplicado praticamente a qualquer nicho de mercado, profissão ou atividade.

Transformando Caminhos

O sucesso das campanhas de marketing online são

construídas sobre três mudanças na forma como os negócios modernos se comunicam com seus mercados: A "Velocidade", o "Custo" e a "Interatividade". Você pode enviar e-mails para clientes em qualquer lugar do mundo, e em instantes rastrear e mensurar resultados.

A "Fórmula" tira vantagem das inovações tecnológicas, para melhorar as vendas do mundo físico, e ainda criar novos negócios revolucionários. Ela encoraja empresários a desenvolverem o marketing de relacionamento, através da conversa e do diálogo. Insere os negócios nas estratégias do marketing cinematográfico, fazendo da campanha de venda de seus produtos um espetáculo. Facilitam a sua vida atingindo o antes inalcançável, automatizam seus dia a dia, e levam seus clientes em potencial a quererem comprar ansiosamente o que você tem.

O desenvolvimento de campanhas publicitárias com vendas sequenciais de produtos, as pré-vendas, se utiliza do poder das histórias na comunicação, e também, dos princípios mentais de vendas que incluem o princípio da Prova Social, da Autoridade, da Antecipação e da Reciprocidade entre outros.

Quando você mescla todos estes princípios mentais com um história atraente, ela conecta a emoção, a esperança, os sonhos e a imaginação do seu cliente, que gera uma conexão e identificação, imediata.

A "Fórmula Online" permite você partir do zero para o lucro, e em seguida atingir escala e volume em pouco tempo.

Sua Máquina de Imprimir Dinheiro

Sua Lista de E-mails é a grande arma da sua estratégia, como falamos no Capitulo 2, o e-mail se firmou no mundo da internet como a grande ferramenta de marketing, essencial e melhor do que as Redes Sociais, o que não significa dispensá-las, mas a eficácia e competência do e-mail em relação à vendas digitais é estatisticamente inquestionável.

E o e-mail tornou-se "recentemente", a cerca de 3 anos aproximadamente, uma verdadeira "Máquina de Imprimir Dinheiro" na medida que as velocidades da internet somadas a criatividade focada dos programadores, criou ferramentas de automação dos e-mail. São aplicativos que alavancam a prospecção dos contatos candidatos a comprar seus produtos, através da automação. Eu as testei, cada uma delas, as uso nos meus produtos e as demonstro entre outros procedimentos, no curso da "Fórmula Online" em www.formulaonline.com.br.

E-mails Automáticos

Ao utilizar um destes serviços, você prospecta mais clientes aumentando suas chances de vender mais. A plataforma faz o serviço todo para você, te deixando livre para pensar nos negócios, e não nas ferramentas. Elas já oferecem as "Páginas de Vendas", as "Páginas de Captura", o acesso ao Facebook, à "Página de Pagamentos", todas com modelos prontos, todos já preparados e completos para você apenas adaptar a sua marca, texto e produto, e elas farão todo o trabalho de captar e se comunicar com os clientes.

Você prepara seus e-mails apenas uma vez, com base em modelos com roteiros pré-estabelecidos, para cada etapa da Pré-Venda, e cada vez que alguém entrar na sua "Página de Captura", a plataforma responde automaticamente, e inicia todas as etapas seguintes das vendas, até a conclusão final da compra e pagamento por parte do cliente.

Ela auto-responde, notifica via e-mail ou Facebook, tem modelos das "Páginas de Captura", as "Landing Pages" ou "Squeeze Pages", ilimitadas, gerencia os contatos, linka suas páginas aos seus domínios, cria área de membros para você hospedar os vídeos das aulas, os áudios e PDFs para que seus clientes, após eles pagarem, para tenham acesso por senha. Tudo isso funcionando enquanto você esta dormindo.

Elas geram ainda, os programas de afiliados, oferecem máquinas e funis de vendas prontos para você adaptar ao seu negócio, importa e exporta listas, integra e captura contados do Facebook, Hotmail, Gmail ou outros, mensura estatísticas, promovem periodicamente treinamentos de atualizações e muito mais. Em resumo, estas plataformas gerenciam os contatos, criam as páginas, automatizam gatilhos inteligentes para levar seus contatos a comprar, e disponibilizam toda a estruturas do E-learning, a área de membros para você comercializar seu curso online.

Tipos de Listas

Existem dois tipos de listas de e-mails, a dos contatos que ainda não compraram e a dos compradores. Um contato da sua lista de compradores vale 10 vezes ou mais, que um contato da dos não compradores, e por isso merecem atenção e dedicação especial no relacionamento com eles. Normalmente se oferece sempre algum conteúdo adicional, como um bônus a estas pessoas. O ideal é ter sempre um vídeo especial para esta pessoas hospedado no seu site para que você ofereça um link no e-mail para eles.

Esta estratégia cunhou no mercado digital, o termo "Marketing de Permissão", porque você fará contato apenas com pessoas que lhe deram consentimento para mandar mensagens para a caixa de e-mail delas. Executar este processo com quem não lhe autorizou pode gerar efeito contrário com danos prejudiciais a sua imagem.

Como Construir Sua Lista

É essencial saber quem é o seu consumidor. Como você o descreveria? Qual sua idade? Onde ele mora, qual o seu estilo de vida e seus interesses? Que tipo de problemas, desafios, necessidades e desejos eles tem e como você pode ajudá-los com isso?

Dessa forma você vai saber com se dirigir a eles, e o que oferecer em troca do e-mail deles. O seu cliente ideal costuma ser chamado nesta estratégia, de o seu "avatar". Conhecendo bem o seu "avatar", você pode lhe oferecer muitos presentes como vídeos, E-books, PDFs, áudios, enfim, infoprodutos com conhecimento de valor, sempre em troca do e-mail dele, tudo isso sempre através de uma "Página de Captura", uma "Landing Page", fornecida pela sua plataforma de automação de e-mails. Essa "Landing page" é sempre bela, atraente, curta e direta ao ponto.

O poder de sua lista virá da qualidade de conexão que você fará com seus inscritos, da qualidade de conteúdo que você entregará. Alcançado isto, seu resultado será muito maior do que através das Redes Sociais. Construa seu "avatar" detalhadamente, isso o ajudará muito a falar com ele. Esta prática de trocar conhecimento por e-mails é uma espécie de "Suborno Ético" que funciona.

Parceiros Comerciais

Se você quer fazer sucesso rápido e sabe que construir sua lista é o caminho, existem inúmeras razões para você usar a lista de muitas pessoas. Elas são os "afiliados", seus parceiros comerciais. Em troca de usar suas listas você pagará a cada um deles uma comissão para cada venda que for realizada através deles. O quanto você vai pagar é uma decisão sua, o fato é que você somente pagará após a venda ser concretizada e você receber por isso.

A prática é tão difundida que as plataformas de e-mail marketing, bem como as de pagamento, todas fornecem recursos e ferramentas prontas para a inscrição dos "afiliados", para a comunicação com eles e o pagamento automático de suas comissões no momento em que uma venda é realizada através deles.

O ideal no início, é fazer uma seleção de 5 ou 6 bons parceiros comerciais afiliados, e focar nestes relacionamentos, gerando apoio mútuo e valor agregado para eles, antes mesmo de esperar que eles o apoiem.

Fórmula de Negócios

Um exemplo de empreendedor que fez bom uso original da "Fórmula Online" foi um médico que passou a organizar eventos online para outros profissionais de saúde, em vez de promover para si próprio um evento de uma só pessoa. Usando a Pré-Venda da "Fórmula" ele criou três peças publicitárias em vídeo que eram seguidas de um convite para registro em uma série de webinários gratuitos. A renda vinha da vendas das gravações dos vídeos, áudios, transcrições, livros, E-books e outros bônus gerados nos webinários ao vivo.

Sua primeira campanha de venda de um produto, cria energia e aceleração para os seus negócios, e ajuda você a agregar mais nomes a sua lista. A campanha seguinte já passa a gerar lucro, cria autoridade e o posiciona no mercado de maneira que a suas lista de e-mails aumentam cada dia mais. Esta comunicação passa a fornecer a você, todas as informações que você precisa para identificar problemas específicos da sua audiência e desenvolver soluções para elas.

Cada campanha subsequente passa a edificar seu sucesso, trazendo cada vez mais credibilidade e inscritos. A partir daí os afiliados começam a te procurar vislumbrando a possibilidade de trabalhar com você em seus próximos produtos. Ao mesmo tempo que você está continuamente entregando valor a sua lista, está também fazendo crescer o seu mercado, pela criação de novos relacionamentos e oportunidades de crescimento. Estas novas informações dos retornos da sua lista, permitirão que você tenha sempre novas ideias para novos produtos, com base nas necessidades e problemas da sua lista, garantindo a expansão continua dos seus negócios.

Criando o Trabalho que Você Ama

Esta é a oportunidade de você criar o negócio e o estilo de vida dos seus sonhos. O grande sonho da sua vida. Para alguns pode ser gerar renda, para outros fazer a diferença em uma comunidade, ou criar inovação em um nicho de mercado específico.

Falar do "Grande Sonho" é pensar no "Grande Porque", aquele que guiará suas decisões para que este negócio se torne grande. Para isso é fundamental estabelecer o modelo do negócio para balizar seu crescimento. Você precisa escolher o tipo de clientes que deseja ter. Nem todos vão se alinhar com seus produtos e é preciso aceitar o fato de que você precisa trabalhar com aqueles os quais você pode ajudar.

Os relacionamentos pessoais que você vai desenvolver através do trabalho com a "Fórmula Online" fará com que as pessoas se deparem com um ser humano e não com uma grande corporação.

Isto faz elas se sentirem gente e não simplesmente um número a mais, e isto faz uma grande diferença na formação do seu público, da sua tribo, de quem você vai liderar rumo a solução de problemas, rumo a vitórias que forjarão o seu grupo. Nunca foi tão importante trabalhar com visão de longo prazo em um mundo onde tudo se transforma tão rápido tornando os relacionamentos superficiais.

Seleção de Oportunidades

Esteja pronto para ser seletivo com as oportunidades que irão surgir. Foco e prioridade são atributos essências no caminho para sua vitória. É comum na trajetória da primeira campanha de venda usando a "Fórmula Online", as pessoas sentirem-se divididas entre uma ou mais possibilidades.

Mas comece com uma, no máximo duas ideias simultâneas, para por fim optar apenas por uma. Hoje, na internet, e por ser uma peculiaridade típica do empreendedor, somos levados e ter muitas ideias paralelas. Mas ter foco é deixar todas as outras ideias apodrecendo na geladeira, senão você nunca vai levar uma ao sucesso real.

Lembre-se, o sucesso com uma ideia, abrirá a porta para todas as outras oportunidades, mas pare com tudo o mais que estiver fazendo, até concluir uma campanha completa de venda com a "Fórmula Online", e você verá sua vida se transformar para muito melhor. Separe tempo para sempre aprender mais e se desenvolver.

Encontre um grupo Master Mind poderoso que esteja alinhado com sua visão e negócio. Enxergue seus competidores como potenciais parceiros com os quais você possa trabalhar junto apoiando uns aos outros com benefícios mútuos.

Lembre-se, ter uma mente empreendedora significa que você pode construir um negócio online que esteja alinhado com seus anseios e objetivos. As decisões que você direcionar ao seu empreendimento, precisam estar alinhadas com seus valores e objetivos.

5 Passos Para Fórmula Online

1 – Foque em entregar conteúdo de alto valor desde a primeira campanha. Os leitores de seus e-mails podem não comprar desta vez, mas vão aprender a confiar na sua autoridade e experiência, e investirão em seus produtos da próxima vez.

2 – Crie o seu "Avatar" e defina o seu "Grande Porque". Você deve concentrar-se no crescimento da sua lista e desenvolver um relacionamento com as pessoas que se inscreverem.

3 – Não tenha apenas um produto por ano. Desenvolva outros produtos e compartilhe com suas lista várias vezes ao ano.

4 – Desenvolva uma série de campanhas se você quiser desenvolver um negócio poderoso. Comece com uma Pré Pré-Venda para certificar-se se há demanda para o produto, depois use toda a "Fórmula Online" para lançá-lo para sua lista.

5 – Lembre-se que você pode relançar seu produto sempre que quiser para novos clientes, e criar campanhas permanentes onde candidatos já inscritos, comprem outras campanhas.

Será sempre mais fácil vender para quem já comprou, por isso abasteça sua lista com bônus grátis e conteúdo de valor quando eles comprarem de você. Seu maior patrimônio serão seus fãs.

MARCELO VEIGA

Conclusão

O que você viu até aqui, é a base da estratégia "Fórmula Online" de marketing digital, a "Fórmula Online" de se vender praticamente tudo pela internet. Ela funciona em qualquer nicho de mercado, em qualquer profissão, para praticamente qualquer negócio do mundo físico e para a "Indústria dos Experts" em especial. Todo aquele que queira vender conhecimento, dar consultoria, ensinar alguma coisa, seja experiência de vida, habilidades específicas, sempre haverá uma tribo para você, sempre haverá alguém que sabe menos do que você. Ganhe dinheiro e enriqueça, ajudando pessoas, sendo útil e realize-se profissionalmente.

A estratégia está explicada. Treinamento pessoal específico, sobre como montar um blog profissional, como saber mais sobre as plataformas de automatização de e-mails e de pagamento, conhecer quais os melhores aplicativos disponíveis, além de alguns incentivos extras, você vai encontrar na próxima turma de treinamento da "Fórmula Online". Cadastre-se e aguarde o aviso em www.formulaonline.com.br . São poucas turmas por ano com poucas vagas, as turmas são pequenas para que eu possa os acompanhar no passo a passo.

A importância de você ter lido este livro é que agora você sabe como funciona a "Fórmula Online". Você conhece o conceito do Marketing do Século XXI, os Pré-Lançamentos usados por décadas pela indústria cinematográfica de Hollywood, as estratégias mais usadas de vendas sequenciais, sabe o que é uma plataforma automatizada de e-mails, uma "Landing Page" ou "Página de Captura", a importância dos Princípios Mentais de Vendas", a construção de autoridade em entregar conteúdo de valor maciçamente antes de falar em vender qualquer coisa, e como unindo todos estes fatores com a estratégia da "Fórmula Online", podemos alcançar lucratividade rápida e em escala, de maneira fenomenal.

Máquina de Dinheiro

Quando em 1994, os primeiros computadores com Windows se popularizaram no Brasil, quando já se falava sobre a tal de internet, mas como algo ainda distante no futuro, eu experimentei a primeira fase de prosperidade em minha vida. Eu já tinha feito alguns cursos de computaçao e tinha odiado, porque todos eles eram no sistema DOS, aquela tela preta cheia de letrinhas brancas de programação, nada mais chato do que aquilo.

Mas logo que surgiu o Windows, tudo mudou, me lembro que o jornal O Globo tinha toda segunda-feira um caderno dedicado a informática, tamanha a importância do tema e das possiblidades que se anunciavam. Eu aguardava ansioso toda segunda para comprar o caderno e lembro que não entendeia nada. Eram siglas e números ponto alguma coisa, tipo HD, Ram, 2.0, 3.0, processadores, programas caríssimos para tudo, mas eu pensava, se eu ler isso toda semana compulsivamente, talvez um dia isto faça sentido para mim e fez, está fazendo até hoje.

E ainda em 1995, eu tinha uma corretora de seguros que funcionava dentro da Sul America Seguradora no Rio de Janeiro, e tínhamos um produto campeão que era o Seguro Saúde para empresas. Foi quando, de tanto ler sobre o programa carro chefe do Windows, o Office, fiquei sabendo sobre o banco de dados Access. Com ele eu poderia manusear o cadastro das empresas da cidade, imprimir etiquetas para mandar uma mala de direta para todas, falando sobre o produto que eu representava.

E assim, comprei meu primeior PC, um Presário da extinta Compac, tive aulas de Access, comprei um disquete com a relação das maiores empresas da cidade, e por fim imprimi minha primeira lista de etiquetas. Colei centenas delas em envelopes com um formulário para dados das empresas, que deveriam ser preenchidos e retornados por Fax, para uma cotação sem compromisso.

Bimba, foi um sucesso. Meu Fax tocava umas 5 vezes por dia, cuspindo papéis sem parar, com dados de empresas que visitei uma por uma. Cumpri naquela época a estatística tradicional de vendas de que para cada 100 clientes visitados, de 2% a 5% fecharão contrato com você. E assim foi, de cerca de 300 empresas contactadas em um ano, fechei com 5 ou 6 empresas grandes, cujos contratos me sustentaram durante muitos anos.

Desde então tenho vivido do mundo digital, como demonstra vastamente meu curículo (ver "Sobre o Autor" neste livro ou em meu site www.marceloveiga.com.br), mas o que mais me surpreende é, como a cada ano que passa, o mundo da internet fascina e assombra mais e mais a cada dia.

Este mundo online, além de seduzir e maravilhar, gera renda e lucro. Além disso, ele proporciona um estilo de vida, principalmente agora na tão aguardada "Era da Hiperconectividade", onde você pode trabalhar de qualquer lugar do mundo onde haja uma conexão com a internet. Da mesma maneira, uma pessoa sozinha, pode operar funções diversas, que antigamente só eram possíveis por muitas pessoas. Hoje, temos plataformas de serviços que nos ajudam em tudo, cobram, entregam produtos, automatizam respostas e funções, não temos mais intermediários para nada, você não precisa de empresário, de agente, de produtor, de padrinho, muito menos de patrão. Você precisa apenas meter a cara no computador, aprender, ter bom senso e conteúdo.

Agora É Com Você

Milhares de pessoas tem tirado proveito da estratégia da "Fórmula Online". Uma vez compreendida, ela necessita treinamento nas plataformas que utiliza, mas acima de tudo, por ser um processo com certa complexidade, especialmente para quem nunca mexeu com isto, ela exige foco, determinação e perseverança. Por isso a turmas de treinamento online tem sido eficazes graças ao acompanhamento pessoal, a troca de informação entre alunos e acima de tudo, a motivação necessária que esse trabalho de desenvolvimento exige.

Sinta-se a vontade em fazer seus comentários no site da "Fórmula Online" em www.formulaonline.com.br e espero encontrá-lo na próximo turma.

Sobre o Autor

Marcelo Veiga, segundo a REVISTA EXAME, é um dos pioneiros do empreendedorismo digital no Brasil. Ele tem certeza que o mundo digital é a solução para transformar o seu negócio e o seu sucesso pessoal, em realidade.

Marcelo é bacharel em direito, jornalista, consultor financeiro graduado pela FGV, compositor , surfista, empreendedor digital e autor de diversos livros. Mantém diversos blogs, sites e canais no Youtube como a "TV Nordeste" , a "Revista Terceira Idade , a TV Guiné-Bissau, além do seu site pessoal Marcelo Veiga sobre educação financeira e marketing digital.

Em 2012, recebeu uma bolsa de estudos para fazer um Curso de Liderança Avançada em Maui no Hawaii, USA, quando teve contato com as técnicas revolucionárias de Marketing Digital da "Fórmula Online". Seus livros "Só Não É Rico Quem Não Quer", "Fábrica de Milionários" e "Fórmula Online", falam sobre investimentos financeiros online e empreendedorismo digital. Para saber mais, cadastre-se no site do autor em www.marceloveiga.com.br.

Outros Livros do Autor
(Disponíveis na Amazon)

Divina Gestão Corportativa
Só Não É Rico Quem Não Quer
Fábrica De Milionários
Fórmula Online

Cursos Online do Autor

COMO ENRIQUECER
www.comoenriquecer.com.br

FÓRMULA ONLINE
www.formulaonline.com.br

MARCELO VEIGA
www.marceloveiga.com.br

FÓRMULA ONLINE
www.formulaonline.com.br